北欧高等教育国际化研究

Research on the Internationalization of Nordic Higher Education

贾锦瑛 著

西安交通大学出版社
XI'AN JIAOTONG UNIVERSITY PRESS

图书在版编目(CIP)数据

北欧高等教育国际化研究 / 贾锦瑛著. — 西安 ：西安交通大学出版社，2024. 3
ISBN 978 - 7 - 5693 - 3687 - 0

Ⅰ. ①北… Ⅱ. ①贾… Ⅲ. ①高等教育-国际化-研究-北欧 Ⅳ. ①G649. 53

中国国家版本馆 CIP 数据核字(2024)第 053449 号

北欧高等教育国际化研究
BEIOU GAODENG JIAOYU GUOJIHUA YANJIU

著　　者 贾锦瑛
责任编辑 牛瑞鑫
责任校对 张　娟
封面设计 任加盟

出版发行 西安交通大学出版社
(西安市兴庆南路 1 号　邮政编码 710048)
网　　址 http：//www. xjtupress. com
电　　话 (029)82668357　82667874(市场营销中心)
(029)82668315(总编办)
传　　真 (029)82668280
印　　刷 西安五星印刷有限公司

开　　本 710mm×1000mm　1/16　**印张** 11. 25　**字数** 201 千字
版次印次 2024 年 3 月第 1 版　2025 年 1 月第 1 次印刷
书　　号 ISBN 978 - 7 - 5693 - 3687 - 0
定　　价 88. 00 元

如发现印装质量问题，请与本社市场营销中心联系。
订购热线：(029)82665248　(029)82667874
投稿热线：(029)82665371

前　言

高等教育国际化是当今世界各国高等教育发展的重要趋势，既是经济全球化对教育的影响，也是高等教育自身发展的需要。自 20 世纪末开始，高等教育国际化成为学界关注的重点，也是各国高等教育机构的发展方向。欧洲高等教育国际化是世界高等教育国际化发展的重要组成部分，是区域高等教育国际化的重要实践。在欧洲高等教育国际化进程中，北欧高校处于前列，具有区域国际化和全球化的特点，因此，研究该区域的高校国际化具有重要的意义。但是，国内关于北欧高等教育国际化的研究较少、系统性不强且缺乏跨学科研究。此外，北欧是“冰上丝绸之路”沿线的重要区域，研究该区域的高等教育，有助于促进我国高校和北欧高校之间的人文教育交流合作。

本书作者了解北欧国家国情，具有语言学及教育学专业知识及英语和瑞典语语言技能，对北欧高等教育进行了研究。本书首先梳理了高等教育国际化概念、类型、驱动力和评价指标等理论内容和 20 世纪以来高校国际化发展的历程，并在此基础上详细梳理了北欧高等教育国际化的具体内容，涉及发展历程、动因、师生结构国际化、课程及科研国际化，以及国际化发展中的管理与政策。师生结构国际化、课程及科研国际化，以及国际化发展中的管理与政策是高等教育国际化发展的重要内容，也是评价高等教育国际化程度的重要指标。因此，本书重点通过这三个方面，对北欧高等教育国际化进行研究。

本书共分六个章节：第一章为高等教育国际化概述；第二章梳理了 20 世纪以来高等教育国际化发展的历程；第三章介绍了北欧及北欧高等教育的情况，梳理了北欧高等教育国际化的发展历程并分析了国际化发展的原因；第四章是师生结构国际化，分析了北欧高校师生结构及国际流动；第五章分析了课程及科研国际化，重点分析了英语授课及科研论文的国际合作发表；第六章主要梳理了北欧高等教育国际化发展中的管理及政策，涉及国际化发展战略、管理机构及平台、语言规划及语言政策。

由于笔者水平有限，书中难免有不足之处，恳请各位读者批评指正。

目　　录

第一章　高等教育国际化概述

在全球化背景下，世界各国之间的联系不断增强，在经济、政治、文化、科技、教育等领域开展了广泛而深入的交流合作。目前，教育国际化已经成为教育领域的一个重要发展趋势，这有助于全球教育市场一体化的形成。这种发展趋势在高等教育领域尤其明显。高等教育国际化（Internationalization of Higher Education）促使高校在人才培养、课程设置、教学科研等方面进行改革，从而提高教育质量，促进师生的国际流动，培养面向全球劳动力市场的国际化人才。在促进国际合作的同时，全球化也加剧了各国之间的竞争。作为国家软实力之一的教育，必然受到各国政治、经济、外交等方面政策的影响。在此背景下，高等教育国际化既是高等教育自身的发展需要，也是国家相关政策在高等教育领域的体现。本章对高等教育国际化的概念、类型、动因及其发展历程等进行梳理，以期对高等教育国际化有一个清晰全面的理解。

第一节　高等教育国际化概念

高等教育国际化并不是一个新的教育现象。众所周知，近现代西方高等教育源于中世纪大学，而中世纪大学不仅是欧洲大学的源头，也是现代世界各国大学的源头。中世纪大学在建立之初，就具有国际性的特征，所以高等教育国际化由来已久。在中世纪的欧洲，随着工商业的发展，市民阶层逐渐形成。新兴的市民阶层提出了自己在经济、政治及文化领域的需求。在教育方面，因为传统教会和宫廷学校的教育内容以神学知识为主，教育目的主要是培养神职人员，所以无法满足新兴市民学习新知识的需求。在这种背景下，新的教育机构应运而生，如城市学校。与之前的学校相比，这些学校更重视职业和技术培训。城市学校教授的都是读、写、算等实用知识，以及与手工业、商业、制造业等领域相关的知识。在这一时期，欧洲出现了很多中世纪大学，其中比较有代表性的是萨莱诺大学、博洛尼亚大学和巴黎大学。

中世纪大学一般设有文、法、神、医四个科目，培养目标是具有专门才能的职业人员。中世纪大学自建立之初就具有国际化特点，这主要表现在师生来源及大学流动不受地域的限制及使用拉丁语作为教学语言等方面。后来随着民族国家的建立，大学成为国家教育机构，主要服务于民族国家的发展，因此，在某种程度上，大学的国际性特点消失。第二次世界大战后，尤其是20世纪80年代以来，国际化成为很多国家高等教育的发展方向与趋势。但是，中世纪大学的国际性与目前所说的高等教育国际化是不同的，原因主要有以下几点：首先，中世纪时，由于民族国家还未兴起，所以没有民族国家的概念，也就不存在国际化；其次，中世纪大学主要进行职业教育，一般设有文、法、神、医四个科目，培养相应的职业者，这与当今的高等教育的内容及培养目标是不同的；最后，中世纪大学的国际性特点是在大学自治过程中自发形成的，而当前的高等教育国际化不仅仅是高校层面的选择，有时也是国家层面的选择，所以除了受学术因素影响外，还受政治、经济、社会文化等因素的影响。因此，目前学界所说的高等教育国际化与中世纪大学的国际性完全不一样，一般指的是20世纪以来，尤其是20世纪80年代以来，在高等教育领域出现的与国际化相关的新现象。也有学者，比如德国柏林自由大学的乌尔里希·泰希勒(Ulrich Teichler)教授认为20世纪80年代之后的高等教育国际化属于高等教育国际化的“现代型”，而中世纪大学是高等教育国际化的“原型”，中世纪后期以来直到20世纪80年代的高等教育国际化属于高等教育国际化的传统阶段，即“传统型”①。但是学界一致认为当前的高等教育国际化与中世纪大学的国际性不一样。与多数学者的观点一致，本书认为目前学界所说的高等教育国际化主要指的是20世纪80年代以来高等教育领域的国际化发展现象，但是其发展历程可追溯到20世纪初。柏林洪堡大学于1810年建立，但由于其将科学研究与教学相融合而被视为世界上第一所真正现代化的大学，被誉为“现代大学之母”。多数国家的现代大学是20世纪后建立的，尤其是发展中国家的大学。此外，自20世纪初开始，现代大学就已经具有国际化的特点，主要表现在学生跨国流动方面，比如，美国大学在20世纪初派学生出国留学并接收外国学生前来求学。所以，我们在谈论高等教育国际化时，可以将其国际化历程追溯到20世纪初。

一、高等教育国际化的定义

“国际化”(Internationalization)这一术语最开始主要用于政治领域。在教

① 王绽蕊，泰希勒，张优良．高等教育国际化全球视野与中国选择[M]．北京：科学出版社．2021：4－9．

育领域，人们经常使用“国际教育”“国际合作”和“国际研究”之类的术语去指称高校中具有国际化特色的内容或活动。美国学者简·奈特(Jane Knight)认为从20世纪80年代开始，教育领域才开始使用“国际化”这个术语①。人们一般使用这一术语去描述高校中与国际化维度相关的内容。随着高等教育国际化的发展，各国学者开始对这一现象进行研究，也从不同方面对这一概念进行界定。但是，因为高等教育国际化处于不断发展变化中，在不同时期具有不同的特点，而各国学者对其的认识也是不断深入的，因此，高等教育国际化的定义与内涵也在不断演变。从定义内容和方法来看，我们可以把该定义的变化大致分为三个阶段，即20世纪80年代到90年代早期、20世纪90年代中期和20世纪90年代末至今。

(一)20世纪80年代到20世纪90年代早期

在这一时期，学者一般通过高等教育机构的国际化活动来定义“国际化”。这一时期的定义有一个显著特点，即国际化就是一系列的国际化活动。我国学者陈学飞认为这种定义方法属于活动方法定义法，即通过对高等院校的国际研究及交流合作等具有国际性特征的具体活动进行描述，进而说明高等教育国际化的内涵。在使用这种方法的定义中，比较有代表性的是美国学者阿勒姆(Arum)和范·德·瓦特(Van de Water)的定义。他们认为，国际化就是“国际研究、国际教育交流和技术合作中的多种活动、项目和服务”②。与此相一致，高等教育国际化的内容主要包括课程内容的国际化、师生的国际流动以及国际技术援助及合作。

(二)20世纪90年代中期

这个时期的定义主要是从过程方法角度定义高等教育国际化，即高等教育国际化是在高校功能中融入国际化和跨文化维度的过程。使用“过程”这一词汇，说明高等教育国际化是一个动态发展的过程。在高等教育国际化的研究中，这一定义影响较大，引用率很高。提出这一定义的代表人物有美国学者简·奈特(Jane Knight)和汉斯·德·维特(Hans de Wit)。简·奈特对高等教育国际化的定义于1994年提出，认为高等教育国际化是一个过程，即“将

---

① Knight, J. Updating the definition of internationalization. International higher education[J]. 2003(33): 2.

② 陈学飞. 高等教育国际化——从历史到理论到策略[J]. 上海高教研究，1997(11): 59-63

国际化和跨文化维度融入高校的教学、研究和服务职能的过程”①。在该定义中，高等教育国际化仅发生在高校层面，该定义忽视了发生在国家层面的高等教育国际化，因为高等教育国际化也可能是发生在国家层面并受相关国家政策影响的具有一定目的性的行动。美国波士顿学院国际高等教育研究中心的汉斯·德·维特教授认为，“一般而言，我们将国际化定义为一系列过程的综合体，这些过程的综合效应(无论是否是有计划的)都是为了增强大学和类似教育机构高等教育的国际性”②。在该定义中，高等教育国际化是一系列的过程，这些过程的综合效应可以提升高校的国际性。综上所述，我们可以看出，高等教育国际化就是在高校的各种职能中融入国际化的元素。这种融入是通过一系列的过程实现的。在这一时期，对高校国际化的定义还停留在高校层面。

(三)20 世纪 90 年代末至今

这一时期的定义普遍认为国际化是一个发生在不同层面的有意识的系统性过程，弥补了之前仅从高校层面定义国际化的不足。荷兰学者马瑞克·范德·文德(Marijk Van der Wende)认为高等教育国际化是指“任何旨在使高等教育(更)适应与社会、经济和劳动力市场全球化相关的要求和挑战的系统、持续的努力”③。根据这一定义，国际化不仅仅是高校层面的工作，而且是多层面的系统性工作，目的是共同应对全球化对国家及高等教育提出的要求和挑战。

简·奈特后来对其 1994 年的定义进行了修正，把高等教育的国际化从机构层面扩展到部门和国家层面，认为这些层面的高等教育国际化是“将国际化、跨文化或者全球维度融入高等教育的目的、功能或实施的过程”④。修订后的定义突破了原有定义仅从高校层面谈国际化的局限，并在“国际化”和“跨文化”维度之外，增加了“全球维度”，此外，在“高校功能”之外，增加了“教育目的”和“实施”。这说明，高等教育国际化虽然主要体现在高校层面，但是其实还存在于部门及国家等层面，因为国际化不仅仅是高等教育机构自身的

---

① Knight, J. Internationalization: elements and checkpoints (Research Monograph, No. 7) [M]. Ottawa, Canada: Canadian Bureau for International Education. 1994: 7.

② De Wit H. Education and globalization in Europe: current trends and future developments [J]. Frontiers: the interdisciplinary journal of study abroad, 1995(1): 28.

③ 同上。

④ Knight, J. Internationalization remodeled: definition, approaches and rationales[J]. Journal of studies in international education. 2004, 8(1): 11.

选择，还受到其他层面的影响。在很多国家，高等教育机构多数都是国家所有的教育机构，那么教育目的和实施必然受到国家相关政策的影响。而在全球化时代，国与国之间的联系变得紧密，高等教育不仅仅面向一国国内培养各领域的人才，还面向全球劳动力市场培养具有全球素养的人才。这些都影响着高等教育的目的、教育过程及其人才培养等。此外，在20世纪末21世纪初，高等教育国际化已经成为一个全球现象，但是由于各个国家具体国情不一样，国际化的具体情况也不一样，因此，高等教育国际化的定义不能太狭窄，要具有普遍适用性，能涵盖发生在不同国家和地区的具体情况。简·奈特的定义涵盖了高等教育国际化的主要方面，适用性比较强，得到了学界的普遍认可。

除了简·奈特的定义，目前接受度比较高的还有以下学者给出的定义。美国学者菲利普·G·阿特巴赫(Philip G. Altbach)和帕蒂·M·彼得森(Patti M. Peterson)认为"高等教育国际化是指政府、学术系统和高等院校，甚至个别学院和系所实施的具体的政策和计划，以支持学生和教师的流动，鼓励海外合作研究，在其他国家建立联合培养计划以及各种创新活动"①。美国学者汉斯·德·维特等人于2015年提出了高等教育国际化的定义，该定义得到了国际大学协会(International Association of Universities)的认可。该定义认为"高等教育国际化是一个有意识的过程，将国际、跨文化或全球维度纳入中等后教育的目的、功能和实施中，以提高所有学生和教职员工的教育和研究质量，并为社会作出有意义的贡献"②。该定义强调了国际化是一个有意识的过程，目的是提升教育和研究质量。但是，高等教育国际化的目的除了提升教育质量之外，可能还有吸引留学生，提升学校排名及全球竞争力等。

在达拉·K·迪尔多夫(Darla K. Deardorff)等人编写并于2022年出版的《国际高等教育手册》(第二版)中，作者提到了丹妮拉·克拉希姆(Daniela Cracium)对现有定义进行改善后提出的定义，即"国际化是一个有意识的过程，将国际、跨文化或全球维度融入中学后教育的目的、功能和实施中，以实现预期的学术、社会文化、经济和/或政治目标"③。这个定义表明高等教育国际化具有多种目标。这应该是高等教育国际化英文文献中可以看到的最

---

① 王绽蕊，泰希勒，张优良．高等教育国际化：全球视野与中国选择[M]．北京：科学出版社，2021：182.

② https：//www. iau - aiu. net/Internationalization

③ Deardorff，D K，De Wit，H，Leask B，et al. The stylus handbook of international higher education (second edition) [M]. Stylus Publishing，2022：57.

新定义。

从以上定义演变中，可以得出以下结论。首先，高等教育国际化是一个动态的不断发展的过程，并不是一个既定的目标。其次，这种过程是一个目的性明确、主动追求的过程，并不仅仅是为了应对全球化对高等教育提出的挑战而被动采取的策略。再次，高等教育国际化涉及的维度包含国际、跨文化及全球，所以，国际化具有一定广度，是发生在全球范围内涉及不同国家和文化的现象。最后，因为高等教育国际化具有政治、经济、学术等多重目标，所以高等教育国际化的动机具有多样性。

除了以上来自西方的高等教育国际化的定义外，我国学者也提出了自己的定义。我国学者汪永铨在其 1991 年编写的《教育大辞典(高等教育卷)》中，对高等教育国际化的定义是“各国高等教育在面向国内的基础上面向世界的一种发展趋势”①。我国学者顾明远认为教育国际化指的是“国际人员交流、财力支援、信息交换(包括教育观念和教育内容)、教育机构的国际合作及跨国的教育活动等”。教育国际化主要包括合作办学、聘请专家、教学科研合作、互派留学生、培养国际化人才等②。虽然该定义没有明确指明是高等教育的国际化，但是由于基础教育和中等教育的本土性更强，所以教育国际化主要还是表现在高等教育领域。张应强认为高等教育国际化“是在高等教育国际化理念支配下，由具有明确目的性的国际化行动而产生的一种世界性高等教育现象”③。从这些定义可以看出，我国学者也认为高等教育国际化是一种世界性的高等教育现象和发展趋势，具有明确的目的且涉及国际合作、人员流动、国际化人才培养等方面。高等教育国际化是高等教育在本土化发展的同时面向国际化发展的现象和趋势。

第二节　高等教育国际化的类型

因为高等教育国际化是一个不断发展的过程，所以相应地出现了不同类型的国际化。目前，高等教育国际化的类型主要有海外国际化、在地国际化、

① 陈学飞. 高等教育国际化：从历史到理论到策略[J]. 上海高教研究，1997(11)：58-63.

② 顾明远. 教育的国际化与本土化[J]. 华中师范大学学报(人文社会科学版)，2011，50(06)：124-127.

③ 张应强. 全球化背景下高等教育国际化理念的重新审视[J]. 教育发展研究，2021，41(23)：1-11.

远距离国际化。

一、海外国际化

海外国际化(Internationalization Abroad)就是大家最熟知的国际化类型，指的是一个国家的学生和学者去海外别的国家学习，培训或者从事研究工作。比如，一名中国学生去美国留学，在美国某个高校获得学位。再比如，一名中国学者去德国某个高校访学。简·奈特认为“海外国际化包含所有形式的跨境教育，学生、教师、学者、项目、课程、课程设置和项目的流动”①。海外国际化的一个突出特点就是国际化活动的发生地是国外，也就是相关人员的流动方向是向外流动。此外，这种流动性一般都是向经济、教育和科研水平比本国高的国家流动，也就是“垂直知识转移”(vertical knowledge transfer)和“垂直流动”(vertical mobility)②。但是由于出国条件的限制，比如高额的学费及生活费，只有少数人可以实现跨境流动，也就是说这种国际化类型的受众面是比较窄的。虽然有些高校向留学生提供全额奖学金，但是能获得奖学金的人数很有限。此外，也有学生或学者受益于发达国家对发展中国家或者不发达国家的教育援助及双边教育合作协议或本国政府对学生和教师出国留学及访学的经济资助去发达国家高校深造，但是名额有限，所以依然是少数人可以得到出国留学的机会。因此，海外国际化的一大缺点就是能参与其中的人数是很有限的，多数大学师生都没有出国留学的机会，因此也就存在教育不公平的问题。

二、在地国际化

在地国际化(Internationalization at Home，IaH)的概念出现于20世纪末的欧洲。这是与海外国际化相对的一种国际化，强调相关人员不需要出国就可以达到海外国际化的效果。该概念的最初提出者是瑞典马尔默大学的副校长本特·尼尔森(Bengt Nilsson)，他也因此被称为“在地国际化之父”。在地国际化提出的背景是马尔默大学刚成立不久(马尔默大学于1998年建校)，还没有与其他欧洲高校建立合作关系，所以无法通过伊拉斯谟计划(Erasmus Program)和校际交换协议向国外派遣学生。因此，本特·尼尔森提出了“在

① 兰思亮，马佳妮. 在地国际化：嬗变、实践与反思[J]. 比较教育研究，2021，43(12)：98－107.

② 王绽蕊，泰希勒，张优良. 高等教育国际化：全球视野与中国选择[M]. 北京：科学出版社，2021：10.

地国际化”的概念，试图让本校学生不用出国就可以进行国际和跨文化学习。在地国际化的概念提出后得到了广泛关注，欧洲国际教育协会(European Association for International Education，EAIE)专门成立了特别兴趣小组对此进行研究。该小组于2001年发表了一份关于在地国际化的立场文件(position paper)并于2003年召开了一次主题会议。此外，《国际教育研究杂志》还出版了一期关于该主题的特刊。

在地国际化的概念最开始被定义为“任何与国际相关的活动，但是不包括学生和教职员工的跨境流动”①。在这一定义中，跨境流动不属于“在地国际化”。有些学者对此提出异议，认为没有说清楚“在地国际化”的具体内涵，也不应该排除学生和教职员工的流动性。在传统的海外国际化中，一般师生的流动性都是时间比较久的流动。例如，一个学生在国外读本科，一般需要四年的时间。此外，学生的流动一般不会影响本国高校的国际化，因为学生不属于本国高校的学生。但是，除了这种时间比较久的向外流动之外，还存在着不同国家高校之间的短期人员流动。例如，在伊拉斯谟计划和博洛尼亚进程(Bologna Process)的影响下，参与其中的高校学生可以交换到另一个国家的高校选修课程，获得一定的学分。这种流动方式是双向的，并且会影响本国高校的学位和学分系统、课程计划、学生的培养及教学等，因此这种流动增加了本地高校的国际化特征，所以在地国际化并不能排除师生流动。乔斯·贝伦(Jos Beelen)和伊丽莎白·琼斯(Elspeth Jones)在2015年的文章《重新定义在地国际化》中提出了他们对在地国际化的定义，即“在地国际化就是在国内学习环境中，有目的地将国际和跨文化内容融入所有学生的正式和非正式课程”②。该定义认为在地国际化是一个有明确目的并且所有学生可以受益的活动。国际化涉及各种类型的课程，目的都是培养学生的跨文化能力。此外，在地国际化并不排除师生的流动。

在地国际化的概念进入我国后，我国学者也对这一现象进行了研究，也有学者提出了自己对这一概念的界定。张伟和刘宝存认为在地国际化是指在高等教育国际治理日趋明显的背景下，高校利用已有国际优质教育资源——国际学者、留学生、国外教材、跨境项目、多元课程与国际会议等——建设富有本土特色的国际性校园，为全体学生在校内提供接触跨文化与国际性事

① Teixeira，P N，Shin，J C. The international encyclopedia of higher education systems and institutions [M]. Dordrecht：Springer Netherlands，2020：1911.

② Curaj A，Matei L，Pricopie R，et al. The European higher education area：between critical reflections and future policies [M]. Dordrecht：Springer，2015：69.

务的机会，进而实现培养高层次国际化人才的办学目标①。兰思亮和马佳妮认为在地国际化是指各高等教育组织与机构为培养国际化人才，在本土本校的基础之上，面向校内所有学生，充分利用世界各类优质高等教育资源——国际学生、国际学者、国际教育管理人员、国际合作项目、国际课程与教材资源、国际论坛与会议等，并将其整合到高等教育机构课程、教学、管理、评估的全过程，是以培养学生国际与跨文化知识和能力为目标的有计划、有组织的系统性活动②。从这两个定义来看，在地国际化就是各高校利用国际教育资源并将其整合至学校的教学与管理及评估等方面，从而实现国际化人才培养的目标。在地国际化的基本特征是超越流动性的国际理解、国际化的课程、文化敏感的教与学、人员的在地跨文化交流③。

三、远距离国际化

远距离国际化（Internationalization at a Distance，IaD）最早出现在鲁斯兰·拉马瑙（Ruslan Ramanau）2016 年的论文《远距离国际化：在线管理课程研究》中。该文章主要研究了学生在国内进行国际管理在线课程的学习状况，发现学生国际化参与度很高，认为这种经历属于远距离国际化，不同于传统的在地国际化和海外国际化。但是作者并没有给出远距离国际化的具体定义。2019 年，珍娜·米特尔梅耶尔（Jenna Mittelmeier）提出远距离国际化指所有形式的跨国教育。在这种教育中，学生、教职员工和机构虽然因为地理距离而分开，但可以通过技术的支持开展教育活动④。远距离国际化的主要特点是借助网络技术手段，实现学习资源的全球可及性，属于虚拟空间中的国际化，这也是互联网时代数字化学习的方式和特点。2020 年新冠疫情爆发后，高校之间的跨境交流受限，远距离国际化成为近几年高等教育国际化的重要类型。这也说明，远距离国际化具有很大的优势和发展潜力，在未来有可能成为高等教育国际化的重要类型。

这三种国际化形式产生于不同历史背景中，并有不同的关注点，但

---

① 张伟，刘宝存．在地国际化：中国高等教育发展的新走向[J]．大学教育科学，2017(03)：10－17＋120.

② 兰思亮，马佳妮．在地国际化：嬗变、实践与反思[J]．比较教育研究，2021，43(12)：98－107.

③ 同上。

④ Mittelmeier J，Rienties B，Rogaten J，et al. Internationalisation at a distance and at home：academic and social adjustment in a south African distance learning context[J]. International journal of intercultural relations，2019(72)：1－12.

是它们之间并不是相互对立的关系，而是彼此联系、互相补充的关系。海外国际化强调师生的海外流动，并且这种流动指的是身体上真实的移动。在地国际化强调的是面向所有师生的在国内就可以享受的国际化教育，就是将国际化融入本地高校的教学及人才培养中，但是并不排除师生的流动。远距离国际化指借助科技手段，使师生在本国就可以与不同高校进行交流与合作并享受全球的学习资源。比如，学生可以通过电子书、期刊和全球性的慕课平台(如 Coursera)获取课程和学习资源。再比如，学生可以注册国外学校的网络课程，实现与国外的教师和学生之间的互动及合作。在远距离国际化中，各国师生并不需要进行跨境流动，只需借助网络通信手段，就可以实现国际化的课程学习及交流。

第三节　高等教育国际化的驱动力及评价指标体系

高等教育国际化是一个不断发展和变化的高等教育现象，在不同时期呈现不同的特点。此外，高等教育国际化发展在不同国家和区域具有不同的表现形式。首先，不同国家高等教育国际化的发展速度是不一样的。高等教育国际化率先在美国和西欧等国家开始，之后扩展到亚洲和非洲等国家。西欧和北欧的高等教育国际化要领先于南欧和中东欧高校。其次，每个国家的经济社会发展水平不同，国家对高校的经济投入也不同，这就会影响高校国际化的发展。最后，不同国家的政治体制不同，所以国家对高校的管理及其影响力也不同，影响高校国际化发展的政治驱动力也不同。这些都导致高等教育国际化在不同地区有不同的表现形式及驱动力。不同国家和地区的学者对高等教育国际化的驱动力的分析也就具有区域和国别特点。在这一部分，我们分别介绍西方学者和中国学者提出的具有一定影响力的高等教育国际化动因理论及评价指标体系。

一、高等教育国际化的驱动力

(一)西方学者提出的高等教育国际化动因理论

在现有的研究中，简·奈特与德·温特于 1997 年提出的国际化四维度动因理论接受度比较高。他们认为高等教育国际化动因有四个维度，分别是政治、经济、学术、社会或文化，具体信息如表 1.1 所示。

表 1.1　高等教育国际化的动因

<table>
<tr><th>动因</th><th>现存的动因</th><th>正在凸显价值的动因</th></tr>
<tr><td>政治</td><td>对外政策、国家安全、技术援助、和平与相互理解、国家认同、地区认同</td><td rowspan="4">国家层面：人力资源开发、战略联盟、创收/商业贸易、国家建设/机构建设、社会/文化发展与相互理解
机构层面：国际形象和声誉、质量提升/国际标准、创收、学生与教职员工的发展、战略联盟、知识生产</td></tr>
<tr><td>经济</td><td>经济增长与竞争、劳动力市场、财政激励</td></tr>
<tr><td>学术</td><td>扩展学术视野、院校建设、形象与地位、提高质量、国际学术标准、科研与教学的国际化</td></tr>
<tr><td>社会/文化</td><td>国家文化认同、跨文化理解、公民能力发展、社会和社区发展</td></tr>
</table>

(资料来源：Knight，J. Internationalization remodeled：definition，approaches and rationales [J]. Journal of studies in international education. 2004，8(1)：23)

政治方面的动因包括对外政策、国家安全、技术援助、和平与相互理解、国家认同及地区认同。以国家安全为例，第二次世界大战后很多国家高校设立区域和国别研究中心就是为了研究相关区域和国别的政治、经济及文化等方面的具体情况，增加自身对相关区域和国别的了解。

经济方面的动因包括经济增长与竞争、劳动力市场和财政激励。经济方面的动因比较好理解，这与经济全球化、知识经济及新自由主义的发展密切相关。经济全球化促使各国经济往来频繁，跨国公司发展迅速，全球劳动力市场形成并发展，知识经济成为重要的经济形式。这些都要求高校提升人才培养能力和教学水平，培养出具有国际视野与全球胜任力（Global Competence)的人才。这种人才具有熟练的外语技能、跨文化交际和全球理解能力，能胜任国际性的工作。此外，受新自由主义的影响，教育成为一种可以在全球市场中交换的商品，教育输出可以给输出国带来一定的经济收入。因此，为了获得经济利益，很多国家高校积极在海外进行招生宣传，扩大自费留学招生名额，开办海外分校或者合作办学。这种现象在英美等传统留学目的国的高校表现得比较明显。比如，英国自 20 世纪 80 年代开始向外国留学生收取学费，留学生的学费是英国大学经济收入的主要来源，为英国经济的发展作出了巨大的贡献。英国各级政府很重视高校对经济发展的促进作用，积极推动高校的国际化发展。加上英语语言优势，英国成为世界上留学生人数最多的国家之一。根据英国大学联盟(Universities UK，UUK)在 2023 年 5 月 16 日发布的报告，2021 至 2022 学年，留学生为英国经济贡献了高达 419

亿英镑的巨额收入，而每11名非欧盟学生就能为英国经济产生100万英镑的净经济影响①。为了追逐经济收益，教育输出国的高等教育机构必然要增加国际化的内容，促进高等教育的国际化发展。

学术方面的动因包括扩展学术视野、院校建设、形象与地位、提高质量、国际学术标准和科研与教学的国际化。学术方面的动因比较容易理解，因为知识是无国界的，发展学术科研需要了解国内外的最新研究动态与成果。学术的交流与合作可以拓展学术视野、提升教育质量及师生国际素养。高等教育的排名影响着高校的形象和地位，也影响着学生的择校与就业，这也是促使高校重视国际化的重要因素之一。在很多高等教育世界排名中，国际学生和教师所占的比例及国际合作是重要的评估指标。以世界四大权威高校排名之一的英国泰晤士高等教育世界大学排名(Times Higher Education World University Rankings)为例，该排名有五项评价指标，分别是教学(学习环境)、研究(论文发表数量、收入和声誉)、论文引用(研究影响)、国际化程度(工作人员、学生和研究)和产业收入(知识转移)。其中，国际化程度所占的比例为7.5%。这说明，国际化程度已经成为决定高校国际影响力和地位的重要因素之一。

社会/文化动因包括国家文化认同、跨文化的理解、公民能力发展、社会和社区发展。在全球化时代，国际劳动力市场形成，人口的跨国流动比较频繁、数量大幅增加。人口的流动必然涉及文化的理解与传播。文化功能是高等教育的功能之一，高等教育可以选择、传递和保存文化。各国高等教育不仅要传承和传播本国文化，还要吸收其他国家的先进文化。比如，很多国家高校在课程设置中增加了国际化的内容，并通过合作办学及师生交流交换项目，拓展师生的国际视野及跨文化理解能力。而留学生规模的扩大，促进了大学校园多元文化的形成。不同文化背景的学生在同一个校园中生活学习，有助于增强学生之间的跨文化理解能力，也有助于学生认同所在国家的文化。

这种四维度动因理论为分析高等教育国际化提供了一个比较好的分析框架，但也存在不足，因为这一理论没有区分高校和国家层面的具体动因。简·奈特后来提出了国家和机构2个层面的11个动因，具体信息如表1.1第3列所示。

国家层面的动因有五种，分别是人力资源开发、战略联盟、创收/商业贸易、国家建设/机构建设、社会/文化发展与相互理解。人力资源开发主要是为了获得高素质人才，可以通过引进国外优秀学生和学者以及提升国内学生

---

① https://www.universitiesuk.ac.uk/latest/news/international-students-boost-uk-economy

和学者的国际竞争力两个途径获得。高等教育中的师生流动及国际合作活动有助于文化交流，从而形成一种战略联盟，最终有助于加强双边或区域的合作。创收/商业贸易比较好理解。当教育作为一种可以在国际市场中进行交易的商品时，通过教育出口，输出国可以获得经济收入。国家建设/机构建设成为高等教育国际化在国家层面的动因之一主要是因为国家建设需要具有一定技术的劳动者，但是一些发展比较落后的国家自身的教育系统比较落后，因此需要引进国外的教育项目和机构，提升自身的教育水平和人才培养能力。比如，在非洲近现代高等教育的发展中，国外的援助是非洲高校重要的经费来源。比如，在 20 世纪 90 年代，非洲高校 70%以上的研究经费来自外部援助①。即使在 21 世纪，非洲高等教育经费还是依靠外国政府和多边发展机构的捐赠。此外，教育本身就是文化的一部分，教育的国际化有助于不同文化相互交流和沟通，能促进跨文化交际和文化认同。

机构层面的动因包括国际形象和声誉、质量提升/国际标准、创收、学生与教职员工的发展、战略联盟及知识生产。国际化是国际大学排名体系的重要指标，影响着高校的国际形象和声誉，进而影响高校来自国际自费留学学生的学费收入。通过国际交流与合作，吸收国外先进的教育理念，以及在人才培养中增加国际性的内容，高校可以提升自身的教育质量，这也有助于知识的生产、师生的发展及教育战略联盟的形成。在全球化时代，一个国家高等教育的育人目标不再仅仅是为本国劳动力市场培养劳动者，而是面向全球劳动力市场培养具有国际视野、语言技能及专业知识的国际化人才。这必然要求高校开展国际交流合作，在人才培养中增加国际性的内容，从而提升师生的国际化素养。在这种背景下，国际化高校是各国高校追求的目标。

这一理论基于不同主体对高等教育国际化的动因进行了分类，表明了不同层面的国际化动因。此外，这也说明了高等教育国际化的动因是会随着高等教育国际化的发展及国家的发展而变化的。

(二)中国学者提出的高等教育国际化动因理论

我国学者在研究高等教育国际化的过程中，也提出了自己的动因理论。2000 年，陈学飞首次在我国提出高等教育国际化的动因理论。他认为高等教育国际化的动因有政治力量、经济利益驱动、文化交流与教育本身发展的要求、人类对世界和平的追求、信息传播的全球化及国际组织的推动。此后，

① 特弗拉，奈特. 非洲高等教育国际化[M]. 万秀兰，孙志远，等译. 杭州：浙江大学出版社，2013：37.

还有孟照海、杨启光、赵哲和陶梅生、姚宇琦和韩宇堃等学者提出的国际化动因理论。孟照海认为高等教育国际化的动因有学术、宗教、科学、政治和经济①。杨启光认为高等教育国际化的动因主要有国家利益、能力建设和国际理解②。李盛兵和刘冬莲详细梳理了我国学者提出的高等教育国际化动因理论，认为我国学者提出的国际化动因理论与国外的理论有相似之处，主要集中在政治、经济、文化、学术和教育能力建设方面，但是很少有学者从国家和机构层面分析国际化的动因。此外，我国学者提出的理论在要素数量和内容方面，都有较大的差异③。比如，姚宇琦和韩宇堃提出的动因理论只包含产业和政策两个动因，而赵哲和陶梅生提出的动因理论包含的要素高达八个，分别为：振兴知识产业，追逐经济利益；宣传国家政治主张与主流意识，服务国家外交战略；弘扬本国文明特色，彰显历史文化魅力；加强跨国科技与学术交流，提升本国生产力水平；应对人口变化趋势，满足公众多样化的教育需求；服务全人类共同利益的内在价值诉求；欧洲一体化进程给世界高等教育的经验与启示；世界高水平私立大学的兴起与魅力吸引。基于西方学者和我国学者对高等教育国际化动因的探讨，李盛兵和刘冬莲提出了自己的高等教育国际化动因理论，该理论包含政治、经济、社会文化、学术及人力资源五个维度，国际组织、区域、国家及高等院校四个层面。在 2019 年的专著《高等教育国际化研究》中，李盛兵对其中某些维度和层面的某些动因进行了局部调整，修订后的高等教育国际化动因理论如表 1.2 所示。

表 1.2　高等教育国际化动因理论

动因	国际组织	区域组织	国家	高等院校
政治	世界和平与发展；国际交流与合作；全球意识；解决全球性问题；人类共同价值	地区认同与合作；战略联盟；外交政策；技术援助	国家安全；外交政策；国家认同；战略联盟	

① 孟照海. 高等教育国际化的动因及其反思[J]. 现代教育管理，2009(7)：16－19.

② 杨启光. 教育国际化：进程与发展模式[M]. 北京：社会科学文献出版社，2011：103－115.

③ 李盛兵，刘冬莲. 高等教育国际化动因理论的演变与新构想[J]. 高等教育研究，2013，34(12)：29－34.

续表

动因	国际组织	区域组织	国家	高等院校
经济	经济增长与合作	区域建设；经济增长与合作	国家建设；经济增长与竞争	创收
社会文化	国际理解；文化多样性；民族多样性；社会公平	区域文化认同与尊重区域一体化	国际理解；国家文化认同与传播	国际理解；国家文化认同；文化多样性
学术	制定国际学术标准；国际资源共享；世界知识的发展	质量提高；学术竞争力增强	扩展学术视野；质量提高；科研与知识产品；国际形象与声誉	科研与知识的国际交流与生产；学术质量提高；课程/教学革新
人力资源	人才全球流动	人才的区域流动；人才质量的提高	人才引进；人才培养	学生与教师的引进与发展

（资料来源：李盛兵．高等教育国际化研究[M]．北京：科学出版社，2019：33.

与简·奈特与德·温特于1997年提出的高等教育国际化四维度动因理论相比，李盛兵于2019年提出的高等教育国际化动因理论在维度上增加了人力资源维度，在层面上增加了国际组织和区域组织①。李盛兵认为人才也是高等教育国际化的重要因素，因为人才的流动、培养、引进等都影响着高等教育的国际化。在经济全球化时代，各国需要的是具有国际化视野的人才，因为国际化人才是提升国际竞争力的重要因素之一。对个人而言，国际化教育不仅能提升个人在劳动力市场的竞争力，还能提升国际理解及跨文化交际能力。所以，个人对国际教育的需求越来越大，希望通过留学、国际合作办学项目及国际联合培养项目等途径获得接受国际教育的机会。对高校而言，国际化人才已经成为高校人才培养的目标。师生的国际流动、外籍教师的雇佣及国外学者的访问交流都有助于提升高校教学科研水平、学校的人力资源储备及学校的国际排名和声誉，而国际地位和声誉的提升又会带来更多的人力资源。

高等教育国际化的动因除了高校层面和国家层面之外，还有国际组织和区域组织两个层面。国际组织在国际交往中扮演着越来越重要的角色，有助于各国在政治、经济和文化等领域的合作。在高等教育领域，国际组织成为高等教育国际化的重要推动力。以联合国教科文组织（UNESCO）为例，该组

① 李盛兵．高等教育国际化研究[M]．北京：科学出版社，2019：33.

织一直致力于推动各国在教育、科学及文化领域的国际合作，其中高等教育合作是重要的合作内容。在1998年的世界高等教育大会上，联合国教科文组织通过了《21世纪的高等教育：展望和行动》，明确提出全世界的高等院校要相互支持、建立伙伴关系，进行跨国界和跨大洲的知识与技能交流合作。成立于2016年的联合国教科文组织高等教育创新中心（中国深圳）与亚非发展中国家开展高等教育合作项目，通过国际网络教育学院，为亚非高等教育提供慕课（Massive Open Online Course，MOOC）及培训等，促进亚非高等院校合作和数字化转型。

区域层面的高等教育国际化是以特定区域组织为主体进行成员国之间在高等教育领域的国际合作。区域性的组织很多，比如东盟、欧盟、上海合作组织及亚太经济合作与发展组织等。以欧盟为例，欧盟（当时称为欧共体）于1987年就开始实施"欧洲共同体关于大学生流动的行动项目"（European Community Action Scheme for the Mobility of University Students），这个项目就是后来人们熟知的"伊拉斯谟计划"。"伊拉斯谟计划"促进了欧盟内部高校师生的流动。根据该计划，欧盟成员国的大学生可以到另一个成员国高校学习3至12个月，教师可以去另一个成员国进行为期1天到6周的短期交流。除了大学师生的流动外，高校之间还可以通过建立主题网络（thematic networks），就某个共同关心的问题进行交流合作。为了促进学分相互转换及学分互认，欧盟在1989年开始建立欧洲学分转换系统（European Credit Transfer System，ECTS）。通过学分转换系统，学生所修的课程学分可以在欧盟内成员国高校得到互认，不影响如期完成学业。此外，该项目还包括课程开发、校企合作、语言课程等内容①。"伊拉斯谟计划"是欧盟实施比较成功的计划之一，但是师生的流动性仅限欧盟内部。为了进一步扩大国际化，推动欧盟与其他国家的交流合作，欧盟于2004年推出"伊拉斯谟世界计划"（Erasmus Mundus）。该计划开展的项目主要有研究生跨国联合课程、世界计划奖学金、欧盟与第三国的合作等。研究生跨国联合课程是"伊拉斯谟世界计划"的核心，包括硕士项目和博士项目。学生可以选择在两所学校各学习一年，也可以选择一所高校作为注册学校，完成必修课程后，可以去其他学校学习，最后回到注册学校进行论文答辩，最终获得多个学位证书或者多所学校共同颁发的联合学位证书②。"伊拉斯谟计划"及"伊拉斯谟世界计划"为高

① 李素琴，胡丽娜．从"伊拉斯谟项目"到"伊拉斯谟世界项目"：欧盟高等教育的国际化发展[J]．比较教育研究，2010，32(04)：36－40.

② 李盛兵．高等教育国际化研究[M]．北京：科学出版社，2019：70－72.

等教育的跨国合作提供了一个范例，促进了高校的国际化发展。

李盛兵在2019年提出的动因理论充分考虑到高等教育国际化在不同维度和不同层面的动因，内容比较全面，层次比较清晰，反映了高等教育国际化在发展过程中主体的新变化，在现有的高等教育国际化的动因理论中，是比较完美的一个理论框架。此外，作者对每一个层面的每一项动因都给出了具体解释(高等院校层面的政治动因除外，因为该层面不存在政治动因)，所以该理论具有普遍适用性，可以用来分析不同地区和国家的高等教育国际化动因。

二、高等教育国际化评价指标体系

目前，国际化已经成为全球高等教育机构的重要发展方向。但是，如何评价高等教育的国际化程度呢？不同国家、机构和学者提出了不同的国际化评价指标体系。

(一)国外的高等教育国际化评价指标体系

国外的高等教育国际化评价指标体系主要由国际性组织、国家教育相关机构、国际性大学排名机构等提出。全球大学排名虽然不针对高校的国际化，但是国际化水平是对世界大学进行排名时参考的重要指标。

一些国际组织提出了高等教育国际化的评价指标体系，比如经济合作与发展组织(Organization for Economic Cooperation and Development，OECD)。经合组织下属的"高等教育院校管理委员会"和"学术合作协会"曾开展"国际化质量评价过程"(Internationalization Quality Review Process，IQRP)项目，并在其1999年出版的《高等教育质量与国际化》(*Quality and Internationalization in Higher Education*)书中，详细论述了高等教育国际化的评价指标体系。"该指标体系共有7个一级指标，分别是背景概况、国际化政策与战略、组织与支持结构、学术项目/课程/专业与学生、研究与学术合作、人力资源管理、协议合同与服务。"其中一级指标"学术项目/课程/专业与学生"包含课程的国际化、本国学生、外国学生、海外学习及学生交换项目①。从中可以看出，在高等教育国际化的评价指标中，与学生密切相关的就是国际化课程与学生的跨国流动，这是高等教育国际化的重要内容。

世界上一些国家也提出了国家层面的国际化评价指标体系，如美国、澳大利亚、德国等国家。我们在这里以美国教育委员会(American Council on

---

① 王位．全球六种大学国际化评价指标体系的比较及启示[J]．上海教育评估研究，2012，1(04)：25－32＋62.

Education)提出的国际化评价指标体系为例进行说明。美国教育委员会国际化与全球参与中心(Center for Internationalization and Global Engagement, CIGE)提出了美国高校全面国际化(comprehensive internationalization)的评价指标体系。美国教育委员会认为全面国际化是指“一个战略性的、协议的框架，它将政策、计划、倡议和个人融为一体，使高校面向全球，与国际接轨”①。在该机构提出的全面国际化模型(Model for Comprehensive Internationalization)中，全面国际化的目标领域共有以下6个：机构承诺与政策(institutional commitment & policy)、领导与结构(leadership & structure)；课程与联合课程(curriculum & co-curriculum)、教职员工支持(faculty & staff support)、流动性(mobility)、合作伙伴与网络(partnerships & networks)。这6个领域也是评价高校全面国际化的指标。“机构承诺与政策”主要指在学校的战略计划中，优先考虑国际化。“领导与结构”指学校高层领导人参与国际化事务和学校有负责国际化事务的办公室等。“课程与联合课程”强调在本科阶段重视外语学习、区域研究、跨文化交际，重视课程的国际化及联合课程的开设和全球学习技术的应用。“教职员工支持”主要是在教师招聘和晋升政策中强调国际工作经验，并鼓励员工进行国际化流动，在教师职业发展中重视国际化能力的提升。“流动性”强调所有学生都有实际的或者虚拟空间的全球教育机会，并对学生进行资助，帮助国际学生融入校园生活。“合作伙伴与网络”主要强调国际合作或者本国院校在国际性事务方面的合作。从该模型中可以看到，课程及师生的流动性是国际化的重要内容。

知名的世界大学排名机构对高校进行排名时，国际化是重要的评价指标。因此在这些机构的世界大学排名体系中，也就涉及对高校国际化程度的评价。英国泰晤士高等教育世界大学排名、英国QS世界大学排名(QS World University Rankings)、中国软科世界大学学术排名(ShanghaiRanking's Academic Ranking of World Universities)、U.S. News世界大学排名(U.S. News & World Report Best Global Universities Rankings)是全球四大世界大学排名榜。我们以英国泰晤士高等教育世界大学排名为例进行说明。在该排名的评价指标中，国际学生的比例、国际员工的比例及国际合作主要用于评价一所高校的国际化程度。该机构基于世界大学排名的数据，还发布全球国际化大学排名(Most International Universities in the World)。该排名有4个

① ACE. CIGE Model for Comprehensive Internationalization [EB/OL]. [2023-9-1]. https://www.acenet.edu/Research-Insights/Pages/Internationalization/Comprehensive-Internationalization.aspx.

评价指标，分别是国际职员比例、国际学生比例、国际合著比例及国际声誉。每一个评价指标的占比都是25%。由此可见，师生结构的国际化、科研的国际化及国际声誉是高校国际化的重要评价指标。

(二)国内的大学国际化评价指标体系

我国的一些教育协会、教育机构和学者提出了中国高校国际化的评价指标体系，用于评估我国高等教育的国际化程度。

中国教育国际交流协会曾对中国高等教育国际化发展状况进行调查，并于2016年发布了调查报告。该调查是基于问卷进行的，问卷是基于8个一级指标进行设计的，主要包含国际化战略、组织与管理、教师、学生、学科与课程、涉外办学、学术交流与合作、人文交流与特色发展①。“国际化战略”主要是指学校是否制定了国际化战略，并根据该战略制定学校未来的发展计划。“组织与管理”包括学校的国际化组织机构、规章制度和经费支持。“教师”主要涉及外籍教师的人数、本国教师的海外留学或访学经历及国际学术合作的参与情况。“学生”涉及在校生情况、出国留学学生的情况、来华留学生的情况等。“学科与课程”主要指国际前沿和薄弱学科建设、全外语授课的学科专业建设、外语课程及全外语授课课程的开设等。“涉外办学”指中外合作办学和我国高校的境外办学。“学术交流与合作”指高校的国际学术交流、参与或承办国际学术会议的情况及建立相关的评价与激励机制。“人文交流与特色发展”指参与中外人文交流的情况和学校根据自身情况进行的国际化的特色发展。

我国一些高等教育机构也开发了国际化评价指标体系，比如西南交通大学。西南交通大学的高等教育研究院与国内外教育专家共同合作，自2014年开始，每年发布中国大学国际化水平排名，该排名已经成为该校的教育研究品牌。在对中国大学国际化水平进行排名时，该校提出了两套大学国际化水平评价指标体系，一套用于研究，一套用于排名。2014年的大学国际化水平评价指标体系(研究用)由7个一级指标、16个二级指标和44个三级指标构成。其中，7个一级指标是学生国际化、教师国际化、教学国际化、科研国际交流与合作、文化传播交流、国际显示度、国际化保障。2014年的大学国际化水平评价指标体系(排名用)由7个一级指标、16个二级指标和26个三级指标构成。7个一级指标分别是国际学生、教师国际交流、中外合作办学、科研国际交流与合作、文化传播交流、国际显示度、校园国际化(校园网)。这些一级指标涉及高校的教学、科研、文化传承等职能，所以高校的国际化

① 刘岩．高等教育国际化能力综合评价[M]．北京：科学出版社，2020：63－67.

是把国际化的内容融入高校的诸多职能中。之后，该机构对2014年提出的大学国际化水平评价指标体系进行了多次修订。从2016年开始，该机构明确给出了各一级指标在整个指标体系中所占的百分比。最新的2018年版的大学国际化水平评价指标体系共有7个一级指标和1个特色项目指标。7个一级指标分别是学生国际化、教师国际化、教学国际化、科研国际化、文化交流、国际显示度、同行专家评议①，具体信息如表1.3所示。

表1.3 2018年大学国际化水平评价指标

一级指标	二级指标
学生国际化（15%）	来华留学生（一学期及以上）
	派出学生（一学期以上）
	应届毕业生海外升学人数
教师国际化（15%）	交流（含国外讲学、进修、国外合作研究等）（2017）
	构成（外籍教师人数、高端外国专家项目数等）（截至2017.12.31）
教学国际化（10%）	全外文授课课程、全外文专业数等 信息资料及平台建设（外文书刊及信息数据库） 平台建设（来华留学生示范基地建设单位）（截至2017.12.31）
	合作办学（机构、项目数）
科研国际化（15%）	平台（教育部国际合作联合实验室、科技部国家国际科技合作基地、外专局“111计划”基地数量）（截至2017.12.31）
	成果（中外联合发表论文数、国外获得专利数等）（截至2017.12.31）
文化交流（5%）	孔子学院（截至2017.12.31）
	区域国别研究机构数、汉语国际推广基地等（截至2017.12.31）
国际显示度（10%）	综合（QS世界大学排名、US-NEWS排名）
	专项（进入ESI前1%学科数、中英文搜索数据）
同行专家评议（30%）	学生国际化
	教师国际化
	科研国际化
	国际影响力
特色项目	高校国际化示范学院、海外分校、推进共建“一带一路”教育行动、参与制定国际标准与规范等

（资料来源：西南大学高等教育研究院 https：//heri. swjtu. edu. cn/info/1075/5982. htm）

① 西南交通大学大学国际化水平排名（2018）[EB/OL]. [2023-12-1]. https：//heri. swjtu. edu. cn/info/1075/5982. htm.

从表1.3可以看出，高等教育国际化主要还是通过教学国际化、科研国际化、师生国际化这三个方面进行评估。教学国际化主要通过外文课程、外文资料和合作办学等途径实现。科研国际化通过国际合作来实现，重点是国际合作平台和合作成果，成果主要是合作发表论文。师生国际化主要体现在师生的人员构成和国际流动。

除了以上评价指标体系，还有很多学者提出了大学国际化评价指标体系，比如，华南师范大学李盛兵教授在2019年的专著《高等教育国际化研究》中提出了大学国际化评价指标体系。该评价指标体系比较全面，因此本书以此为例进行说明。该评价指标体系的具体内容如表1.4所示。

表1.4　大学国际化评价指标体系

一级指标	二级指标	主要观测点	权重/%
国际化观念与规划（10%）	观念	学校的办学思想；学校领导的国际化观念；教师的国际化观念	5
	规划与政策	国际化战略规划；国际化目标；支持国际化的政策和措施	5
大学国际化机构设置（5%）	校级国际化事务委员会	委员会成员的构成；制度的建立；活动的开展	1.5
	院级国际化事务委员会	委员会成员的构成；制度的建立；活动的开展	1.5
	学校国际办公室	执行学校国际化战略规划；组织国际学术交流与合作；拓展国际教育市场，协助海外招生等	2
学生结构国际化（25%）	留学生数占在校生数的比例	留学生数占在校生数的比例	15
	留学生生源国分布	亚洲国家、欧美国家、非洲国家等	2
	留学生专业分布	汉语、中医药、社会科学学科、理工类专业等	2
	本校到国外进行交流学习与研究的学生占在校生数的比例	与国外高校互换学生人数占在校生数的比例	6
教师结构国际化（20%）	外籍教师	聘用海外教师和研究人员；邀请来校讲学的国外知名学者	7
	留学归国人员	在国外拿到高级学位归国的教师；在国外进修、访学归国的教师	13

续表

一级指标	二级指标	主要观测点	权重/%
课程国际化（15%）	原版教材的使用及双语教学的开展	原版教材的使用；双语教学课程的开设	6
	外语课程	外国语言课程开设的门类；跨国或跨地区文化的课程	6
	国际性问题课程	开设国际性问题课程	3
科研国际化（15%）	科研课题的国际化	课题组成员的国际化；课题资助的国际化；信息资源的国际化；科研成果发表与应用的国际化	9
	国际性学术会议	主办或承办国际性学术会议；学校教师和科研人员参与国际性学术会议	6
中外合作办学（10%）	国外合作办学	到国外与国外高校合作开办课程或学院的情况	5
	引入国外资源合作办学	在境内与国外高校合办课程或学院的情况	5

（资料来源：李盛兵．高等教育国际化研究[M]. 北京：科学出版社，2019：50）

从以上的国际化评价指标体系可以看出，高校的国际化涉及意识、管理、师生结构、课程、科研及国际合作等方面。这也说明高等教育的国际化不是仅仅涉及国际师生，而是把国际化的元素融入高校的方方面面。

第二章　20 世纪以来高等教育国际化的发展历程

如前所述，中世纪大学的国际性与现代大学的国际化并不一样，并且多数国家的现代大学都是在 20 世纪后才建立的，尤其是发展中国家的高校，所以目前学界谈论的高等教育国际化一般指的是 20 世纪 80 年代之后在高等教育领域出现的现象，但是我们认为高等教育的国际化发展始于 20 世纪初。因此，这一章主要对 20 世纪以来高等教育国际化的发展历程进行回顾，并将其分为三个阶段：20 世纪初到第二次世界大战期间；第二次世界大战后到 20 世纪 80 年代末；20 世纪 90 年代至今。

第一节　20 世纪初到第二次世界大战期间

一、时代背景

19 世纪中后期，随着资本主义经济和科学技术的发展，第二次工业革命开始，人类社会进入了“电气时代”。自然科学发展迅速，各种理论和技术层出不穷。社会生产力得到了进一步发展，石油化工等新兴工业出现，并出现了垄断组织。资本主义国家开始向帝国主义过渡，开始争夺世界市场，掀起瓜分世界的狂潮，很多国家沦为帝国主义国家的殖民地。到了 20 世纪初，世界基本被列强瓜分完毕，世界格局也由英国、法国和德国等几个大国及其结成的军事同盟之间的关系来决定。此外，自 19 世纪末开始，民族主义浪潮涌现，被殖民和压迫的民族开始反抗殖民压迫，要求建立民族国家。这些最终导致了第一次世界大战的爆发。第一次世界大战给世界带来了巨大的灾难，战后世界范围内出现了经济萧条和政治不稳定。欧洲开始衰落，美国和日本等国崛起。在高等教育领域，欧洲是现代大学的发源地和世界高等教育的中心，因其先进的教育制度和优质的教育质量，成为其他地区国家学习的榜样和留学目的国。美国得益于其在 19 世纪末到 20 世纪初的经济快速发展和教育改革，形成了具有美国特色的联邦立法与大学自治相结合的高等教育管理体制及多样化的高等教育体系，对外影响力增强，成为高等教育的后起之秀，从留学输出国转变为留学输入国。

二、高等教育国际化情况

在这一时期，高等教育的国际化主要表现在师生的跨国流动。跨国流动既有个人的流动，又有一些组织的流动。跨国流动的目的国集中在英、美、法、日等少数国家。在第二次世界大战之前，一些国家成立了促进国际交流合作的机构，如英国文化教育协会(British Council)和美国国际教育协会(Institute of International Education)等，负责开展对外交流合作，所以这一时期的高等教育国际化活动基本属于非官方性质。以美国为例，美国在1919年成立了国际教育协会，负责教育国际交流和合作，但是国际教育协会的活动资金主要来自一些企业巨头设立的基金会，比如洛克菲勒基金会和卡内基基金会。这些基金会热衷于提供资金促进学者和学生的出国交流和学习。国际教育协会在这些基金会的支持下，组织了一些出国交流活动。比如，1920年至1923年，国际教育协会组织了44位教授赴欧洲或日本进行教学活动①。这一时期，美国也有高校组织地国际交流活动，比如美国特拉华大学在1923年建立了第一个海外交流项目，组织学生前往法国实习，这也是美国第一所提供海外学习项目的学校，开创了大学生出国留学访问的先河。

除了美国等国家有组织的出国交流之外，这一时期还有个人的出国留学。以中国为例，民国时期是中国留学史上的一个关键时期。当时，中国从封建社会的清朝进入了民主共和国，但是国家还处于内忧外患的时期，尤其是五四运动后，很多民主主义者意识到需要学习西方的先进文化和知识才能实现"救国"。但是国内的高等教育水平与国际教育水平存在很大差距，所以出国留学成了这一时期青年的选择，他们主要来自富裕家庭，但是也有少数来自普通家庭。这一时期，中国留学生的留学目的国主要有美国、英国、法国和日本等，留学美国的人数最多。留学美国人数最多的主要原因是美国退还中国"庚子赔款"超出实际损失的部分，把这部分钱用于资助中国学生赴美留学，这些留学生也被称为"庚款留学生"。1909年至1925年的十多年间，总共有1031名中国学生赴美留学②。此外，勤工俭学也是这一时期出国留学的方式之一。蔡元培和吴玉章等人组织了留法俭学会，掀起了留法勤工俭学运动，

---

① 崔淑卿，钱小龙．美国高等教育国际化的兴起、发展及演进[J]．现代大学教育，2012(06)：37－42＋70.

② 韩扬溪．高等教育国际化研究[M]．北京：北京工业大学出版社，2021：25.

先后有 20 批共 1800 多名学生赴法留学。此外，日本也是当时中国学生的留学目的地。

总体来看，这一阶段的高等教育国际化仅表现为人员的跨国流动，流动方向是单向的，一般都是从教育水平低的国家向教育水平高的国家流动，也就是垂直流动。

第二节　第二次世界大战后到 20 世纪 80 年代末

一、时代背景

第二次世界大战后，受战争的影响，很多国家进入重建和恢复期，社会经济和文化教育发展缓慢。战后，美国和苏联崛起，成为超级大国，形成美苏争霸的世界政治格局，世界被划分为社会主义和资本主义两大阵营。两大阵营彼此对立，文化交流很少，交流一般仅限于同一阵营内的国家之间。后来，随着新兴力量的崛起，世界格局从两极化走向多极化，不同国家之间的交流增多。在高等教育领域，很多发达国家对第三世界国家进行教育援助，以提升其全球影响力。很多非洲国家高等教育的发展主要依赖发达国家的援助。很多发展中国家以国家公派的形式派学生和学者去发达国家留学。对于一些殖民地国家，国家独立后，本国的高等教育在原有的基础上继续发展。

二、高等教育国际化情况

第二次世界大战后到 20 世纪 80 年代末，高等教育的国际化主要还是跨国交流，交流范围更大。国际化在形式上也变得多样，除了传统的跨国留学和交流，还有教育援助及区域国别研究等。此外，这一时期高校的国际化主要还是以欧美发达国家为主，发展中国家的高校国际化发展处于边缘位置。师生流动也是从发展中国家向发达国家流动，所以在高等教育领域，发达国家影响着发展中国家的高等教育。在这一时期，英语成为学术语言，进入了很多国家的基础国民教育体系。这一时期，高等教育国际化的动因主要是国家安全及外交等政治原因。国际化的主导者也以各国政府为主。

第二次世界大战后，欧洲因为受到战争的重创，一切还处于恢复和重建中，所以还没有能力开展国际交流合作。此外，有些学者在战争中死亡或者移民到美国和加拿大等国。因此，世界高等教育的中心从欧洲转移到了美国。在冷战时期，资本主义和社会主义两大阵营对峙。为了扩大自己的势力范围，输出自己的意识形态，扩大国际交流与合作并了解相关国家和地区，美国高校兴起区域和国别研究。美国等国家加大了对第三世界国家的教育援助，支持非洲等地高等教育的发展。这一时期，美国把高等教育国际化政策看作重要的外交和国防政策①。1946 年，美国通过了《富布莱特法》(Fulbright Act)，这是美国第一个促进美国及其他国家的学生、教师和科研人员交流的国际教育法令。富布莱特奖学金涵盖国际交流的国际交通费、学费、生活费和其他费用。此外，美国还颁布了《国际文化交流和贸易展会参与法案》《国防教育法》及《交换教育与文化交流法案》等促进高等教育国际化的法令。在这一时期，美国成为留学的主要目的国。

中华人民共和国成立后，中国仿照苏联的教育模式建设高等教育，按照苏联模式进行高校的院系调整，邀请苏联专家来华讲学，使用苏联的教学大纲。在外语教学方面，重视俄语学习。在留学生交流方面，中国在建国初采取的是“一边倒”的外交政策，主要与苏联、中东欧国家互派留学生。1950 年，中国派出了 35 名学生到罗马尼亚、波兰、匈牙利等国学习当地的语言。中国也接受这些国家的留学生来华学习汉语。清华大学成立了东欧交换生中国语文专修班，这标志着中国第一批外国留学生的到来。这些专修班的学生后来有些成为了汉学家，推动了本国汉语教育及汉学的发展。1957 年至 1963 年，中国还向意大利、比利时、瑞典、挪威等资本主义国家派出了 200 余名留学生或进修生，多数专业是外语类。改革开放后，中国扩大公派留学生规模，1978 年至 1989 年，总共有 9.6 万人出国，其中国家公派约 3 万人、单位公派约 4.3 万人、自费留学约 2.3 万人②。

第三节　20 世纪 90 年代至今

一、历史背景

进入 20 世纪 90 年代，随着苏联的解体，美苏争霸时代结束，美国成为超级大国，全球形成“一超多强”的格局。经济全球化的发展及科技的进步，尤其是互联网的发展，使世界各国之间的联系变得紧密，各方面合作交流日益频繁。在这一时期，各国经济的快速发展及教育的改革及发展使高等教育

---

① 陈越，王余生．美国高等教育国际化政策：历程、动因和走向[J]．现代教育管理，2016(08)：68 - 73.

② 中国教育新闻网．出国留学培养有家国情怀国际视野的建设人才[EB/OL]．[2019 - 09 - 27]．http：//www.jyb.cn/rmtzgjyb/201909/t20190927_264094.html.

从精英化向大众化方向发展。在此背景下，留学也进入平民化时代，越来越多的人可以走出国门，去国外留学。对于有些国家来说，对留学生收取学费已经成为增加国民经济收入的重要手段之一。为此，这些国家采取各种策略吸引外国留学生。而学生选择留学院校的一个重要参考标准就是高校的排名，而排名的一个重要指标就是高校的国际化程度，因此各国高校为了提升排名和国际影响力，积极实施国际化发展战略。很多国家从国家层面积极推动本国高等教育的国际化发展。这一时期，教育进入了国际化时代，各国之间的教育合作增多。一国的高校不仅仅是本国的高校，还是世界的高校。高等教育的培养目标是面向全球教育市场培养合格的劳动者。

二、高等教育国际化情况

教育输出是这一时期一些发达国家高等教育国际化的特点，经济因素是高等教育国际化的重要驱动力。受新自由主义的影响，教育被看作在市场上流动的商品，以英美为主的一些发达国家开始将招收国际学生作为一项经济创收项目，对外国留学生征收学费。教育输出也成为一些国家的经济增长点。有关资料显示，2000 年澳大利亚从留学生学费获得的收入高达 18.4 亿美元，与留学生生活相关的服务获得的收入是 18.6 亿美元①。2005 年，在美国的留学生及家属就为美国经济贡献了近 130 亿美元②。在这种背景下，高等教育国际化在很大程度上是受经济驱动的，但是也有不受经济利益驱动的，如北欧国家高校。北欧国家的高等教育在 2005 年之前是免费的，免费政策适用所有学生。后来，一些北欧国家开始对欧盟及欧洲经济区之外的学生收费。收费政策于 2006 年在丹麦开始实施，于 2011 年在瑞典开始实施。冰岛目前依然实行免费政策。但是，北欧高校的学费低于英美国家。

在这一时期，高等教育国际化呈现出从欧美发达国家向发展中国家蔓延的趋势。即使在发达国家，也呈现出从传统的英美等中心国家向荷兰、北欧等边缘国家蔓延的趋势。发展中国家从以前的留学生输出国转变为留学生输入国，也越来越主动地参与到高等教育国际化的进程之中。以中国为例，中国政府设立中国政府奖学金，鼓励外国学生来华留学。根据中华人民共和国教育部网站的数据，2018 年来华留学人数为 49 万多。其中，亚洲学生总数

① 李文山. 高等教育国际化发展历程、动因及趋势析[J]. 首都师范大学学报(社会科学版)，2006(01)：61 - 64.

② 陈越，王余生. 美国高等教育国际化政策：历程、动因和走向[J]. 现代教育管理，2016(08)：68 - 73.

为 295043 人，占比 59.95%；非洲学生总数为 81562 人，占比 16.57%；欧洲学生总数为 73618 人，占比 14.96%；美洲学生总数为 35733 人，占比 7.26%；大洋洲学生总数为 6229 人，占比 1.27%①。中国已经不仅是亚洲国家学生的留学目的国，还是其他大洲学生的留学目的国。这说明中国高等教育国际化发展迅速。

高等教育国际化的方式也在这一时期变得多样化。除了境外交流，本国课程中也增加了国际化内容，增加了英语授课（English as a Medium of Instruction，EMI）的专业课；鼓励本国高校与境外高校合作办学或者开设海外分校。随着互联网技术的发展，远距离国际化出现并成为高等教育国际化的新类型。

在英语授课方面，由于英语授课数量被看作高校国际化的指标，各国高校纷纷开设英语授课科目或者学位项目（EMI program）。以欧洲为例，2001 年欧洲有 725 个英语授课项目，到 2014 年，这个数量增长到 8089 个②。在欧洲，荷兰和北欧的英语授课比例最高。荷兰的本科教育已经全部是英语授课。北欧国家的硕士项目和博士项目基本都是英语授课。这不仅仅是为了吸引国际学生，也是为了提升本国学生的外语能力及国际素养，便于学生进行国际学术交流及在国际劳动市场就业。

海外办学也是各国高等教育国际化的一个表现。海外办学的数量增长迅速。2006 年，全球只有 82 所海外分校，2013 年就增至 188 所。海外分校的输出国主要是美国、英国和澳大利亚。最为热门的海外分校兴建地有阿联酋、中国、新加坡和卡塔尔③。此外，中国等发展中国家也在境外办学，比如，厦门大学在马来西亚设分校，同济大学在意大利佛罗伦萨设立分校。设立海外分校使一国学生不用出国就可以享受他国的高等教育。在这个过程中，学生对他国的教育有了近距离的了解，有利于两国的文化交流与合作。

远距离国际化也是这一时期高等教育国际化的主要特征。全球各种慕课平台出现，有美国的 Coursera，英国的 FutureLearn，德国的 Iversity，中国的 MOOC 等。学生通过这些平台，足不出户，就可以享受国内外大学的网络

---

① 教育部. 2018 年来华留学统计［EB/OL］.［2019 - 04 - 12］. http://www.moe.gov.cn/Jyb_xwfb/gzdt_gzdt/s5987/201904/t20190412_377692.html.

② Wächter B, Maiworm F. English-taught programmes in European higher education: the state of play in 2014[M]. Bonn: Lemmens Medien GmbH, 2014: 16.

③ 王璞. 美国大学海外分校全球扩张历史和战略研究[J]. 比较教育研究，2017，39(01)：17 - 23.

公开课程。在新冠疫情期间，网络课程得到了极大发展，方便了高校的教学。网络教学体现出的优点也得到了广泛认可，网络教学的潜力无限，在未来很有可能成为一种主要的授课方式。在互联网时代，借助网络技术，师生在线上课堂也可以实现实时互动，这种互动可以跨越地域和时区的限制，有利于实现高等教育国际化中的数字合作和双师教学，这将改变高等教育的授课形式和合作形式。在全球化时代，高等教育将不仅仅面向国内市场，而且要面向全球市场，为全球劳动力市场提供具有国际素养的劳动者。远距离国际化为这种目标的实现提供了一种新途径。这种国际化形式将在未来得到进一步发展。

第三章　北欧高等教育国际化

这一章主要介绍北欧高等教育国际化，包括北欧及北欧高等教育概述、北欧高等教育国际化的动因和发展历程。

第一节　北欧及北欧高等教育概述

一、北欧

北欧是一个次区域地理概念，一般指的是地处欧洲北部的五个国家及其所属的自治区域。北欧五国指的是瑞典王国(简称瑞典)、丹麦王国(简称丹麦)、挪威王国(简称挪威)、芬兰共和国(简称芬兰)和冰岛共和国(简称冰岛)。自治区域包括隶属丹麦的法罗群岛和格陵兰岛、隶属芬兰的奥兰群岛及隶属于挪威的斯瓦尔巴群岛。北欧五国中，瑞典、芬兰和挪威位于斯堪的纳维亚半岛上，丹麦与德国相邻，冰岛在北大西洋上。语言上，芬兰语属于乌拉尔语系芬兰-乌戈尔语族，与匈牙利语属于同一个语系。瑞典语、丹麦语、挪威语和冰岛语都属于印欧语系日耳曼语族北日耳曼语支，因此这些语言都比较相近。政治上，瑞典、挪威和丹麦实行的是议会制君主立宪政体，国王只是象征性的国家元首，议会是国家最高权力机关和立法机关。芬兰和冰岛实行的是共和政体，冰岛总统只在组织内阁时发挥作用，其余时候权力是象征性的，但是芬兰总统拥有较大的权力①。

北欧国家国土面积较小、人口较少。国土面积最大的国家是瑞典，面积也只有45万平方公里，人口只有1000万左右。但是，北欧各国都比较富裕，可以说是国小民富。北欧国家以其“从摇篮到坟墓”的完善社会福利体系闻名于世。这种福利模式是北欧国家在第二次世界大战后经济高速发展的时候形成的，属于“北欧模式”(Nordic Model)的内容。“北欧模式”的主要特点就是

---

① 马早明.“冰上丝绸之路”视域下中国与北欧五国教育合作政策研究[M].武汉：武汉大学出版社，2020：4-5.

高税收、高福利和公平正义。在这种模式下，教育和医疗是免费的。除了高福利，北欧国家在科技创新和可持续发展等方面也处于世界领先地位。在欧盟委员会发布的《2023 年欧洲创新记分牌》(European Innovation Scoreboard, EIS)①中，瑞典、丹麦、芬兰分列前三位。北欧国家属于与中国建交较早的国家，其中瑞典是第一个与中国建交的西方国家，双方于 1950 年 5 月 9 日建交；中国和丹麦于 1950 年 5 月 11 日建交；中国和芬兰于 1950 年 10 月 28 日建交；挪威于 1954 年 10 月 5 日与中国建交；冰岛于 1971 年 12 月 8 日与中国建交。除了举世闻名的诺贝尔奖外，北欧还有众多知名品牌，如瑞典的爱立信和宜家家居、芬兰的诺基亚和丹麦的乐高玩具。此外，挪威的峡湾、冰岛的地热及芬兰的教育和圣诞老人村也是举世闻名的。虽然北欧国家地理位置偏远，但却因为经济实力、高福利和教育等突出优势为世人所知。

二、北欧教育

(一)北欧教育体系概况

北欧国家普遍重视教育，教育事业发达。由于在历史、文化、宗教信仰等方面具有相似性，北欧国家的教育体系也具有一定的相似性。北欧国家的教育体系一般分为学前教育、基础教育、高中教育和高等教育四个阶段。学前教育是针对 6 岁以下幼儿提供的教育。在北欧国家，一岁多的幼儿就可以进入幼儿园。基础教育包含小学和初中教育。在幼儿园和小学一年级之间，通常会有学前班，作为幼儿园和小学一年级之间的衔接。学前班一般是由小学负责。初中结束后，学生可以进入普通高中或者职业高中学习，完成学业后，可以进入高等教育阶段。

北欧教育体系具有以下特点：公立教育为主、教育免费和公平、教育体系开放。北欧国家的教育体系以公立学校为主。2019 年，挪威的小学和初中共有 2529 所，其中私立学校只有 261 所。第二次世界大战后，北欧国家在福利国家的建设中，形成了与众不同的“北欧模式”。“北欧模式”对北欧国家教育的主要影响就是教育公平和免费。在北欧中小学中，学校没有排名，学生也没有排名，学生无论家庭背景如何，都可以进入同一所学校学习。此外，北欧的教育体系是开放的，普通教育和职业教育之间没有绝对的界限，学生可以在普通教育和职业教育之间进行转换。高等教育分为学术型高校(universities)和应用型技术高校(universities of applied sciences)。在本科和

① https://www.sohu.com/a/711799124_121124414

研究生阶段，学生可以在这两类高校中任意选择一所。以芬兰为例，应用技术高校的本科毕业生可以进入学术型的高校接受研究生教育，学术型高校的本科毕业生工作三年后，也可以到应用技术型高校攻读硕士学位。但是，只有学术型高校具有博士学位授予权。

(二)学前教育

众所周知，学前教育就是为学龄前幼儿提供的教育。北欧国家普遍重视学前教育。学前教育属于社会福利的一部分，归社会事务部管。早在19世纪末，在丹麦和挪威就出现了幼儿园。1870年，丹麦建立了“福禄贝尔幼儿园”(Frobel Kindergarten)，开启了北欧现代意义上的幼儿教育。1904年，瑞典建立了第一所面向普通民众的平民幼儿园，从此普通大众都可以享受幼儿教育。20世纪40年代开始，北欧国家为了解决双职工家庭照顾孩子的问题，大力兴办公立幼儿园。

北欧国家采用综合性学前教育模式，主要有家庭照护、机构保育和学前学校教学等内容。家庭照护指的是父母对幼儿的照料和看护。北欧国家产假比较长，以瑞典为例，父母可以共享480天产假和育儿假。所以，父母有时间对幼儿进行照料和看护。之后，孩子就可以进入家庭日托中心、幼儿园、开放幼儿园等保育机构。幼儿园由于覆盖率高，是多数人的选择。北欧国家普遍重视学前教育，幼儿园一般都是全日制公立幼儿园，由当地政府负责。幼儿园的教育内容以活动、游戏、文化及生态教育等为主。由于北欧国家森林覆盖率很高及北欧人对自然的崇尚，户外生态教育是幼儿教育的重要内容之一。不管天气如何，北欧幼儿园一般每天都有两个小时的户外活动时间。孩子们在教师的带领下，去户外，去森林中观察植物和动物，探索自然的变化，培养孩子的观察能力及探索能力。在幼儿园之后是学前学校教育，也就是学前班教育，一般由小学负责，目的是在幼儿教育和小学教育之间提供衔接和准备。学前班教育是北欧国家教育法中规定的公民享有的一项权利。芬兰的《基础教育法》规定6岁的学龄前儿童可以享受一年的免费学前教育。学前班虽然不完全属于义务教育，但是北欧国家的儿童基本都接受了这项教育。在瑞典，进入学前班学习的儿童比例高达99%①。

在师资方面，北欧国家对教师都有严格的入职学历要求。幼儿园教师至少应该具有大学幼教专业的本科学历。丹麦和瑞典的幼儿园老师必须具有大

---

① 马早明.“冰上丝绸之路”视域下中国与北欧五国教育合作政策研究[M].武汉：武汉大学出版社，2020：21，76，113.

学本科学历。挪威的幼儿园老师分为教师(head teacher)和教学助理(pedagogical leader)，其中，教师必须具有本科学历，教学助理可以不具有本科学历，但是需要进行在职进修①。芬兰的要求最高，《芬兰教育法》规定在芬兰从事幼儿园和中小学教育的教师必须具有硕士研究生学历。此外，北欧国家还鼓励终身学习，教师可以接受大学的各种继续教育和培训。

(三)基础教育

与其他国家类似，北欧国家的基础教育(basic education)分为小学和初中教育。但是不同的是，有些北欧国家推行的是一贯制的综合学校，如瑞典。北欧国家普遍重视基础教育，很早就开始实施义务教育。丹麦自 1973 年就开始实行九年制义务教育。北欧国家的义务教育年限普遍是 9 年。挪威和冰岛实行的是面向 6～15 岁儿童的十年义务教育，所以挪威和冰岛的小学和初中总共有 10 个年级。在挪威，地方政府为 1 至 4 年级的孩子提供课前和课后服务。瑞典、芬兰和丹麦实行的是九年义务教育。

以瑞典为例，当孩子年满 6 周岁后，可以上学前班。学前班由基础教育学校提供，作为幼儿园和小学之间的过渡。瑞典自 1962 年开始实施九年义务教育，这一阶段也被称为基础教育阶段，针对的是 7～16 岁的孩子，包含 1 年级到 9 年级，总共 9 个年级。在瑞典，基础教育阶段的学校很多都是九年一贯制的学校。这种学校被称为基础学校(basic school)，包含小学(primary school)和初中 (lower secondary school)教育。也就是说，在一所这样的学校中，既有小学，也有初中。这九年的教育一般可以划分为低级阶段(1 - 3 年级)、中级阶段(4 - 6 年级)和高级阶段(7 - 9 年级)。此外，瑞典的义务教育学校还包括专门为少数民族萨米族后代开设的用萨米语授课的萨米学校。完成了义务教育，学生可以进入高中(upper secondary school)学习。

(四)中等教育

北欧的中等教育主要指的是高中阶段的普通教育和职业教育。完成基础教育后，学生可以接受普通高中教育或职业教育。北欧国家的高中多数是免费的公立高中，一般分为普通高中和职业高中。但是在瑞典，普通高中和职业高中一般是在同一所高中里的，也就是说，瑞典的高中属于综合型高中，不管学生选择的是职业教育还是普通高中教育(为进入学术型高校做准备)，都在同一所高中完成学业。在瑞典的高中教育历史上，这种综合型的高中是

---

① 马早明."冰上丝绸之路"视域下中国与北欧五国教育合作政策研究[M].武汉：武汉大学出版社，2020：21，76，113.

20世纪70年代高中教育改革后形成的。在1971年之前，瑞典高中学段主要有普通高中（gymnasium）、补习学校（continuation school）和职业学校（vocational school）三种教育类型。其中，补习学校和职业学校都以职业为导向，普通高中以学术为导向。在瑞典，高中学习分为人文和社会学习、经济学习、技术和科学学习三个领域，课程分为不同的项目（program），学生可以选择普通学术型教育或者职业教育。完成高中教育后，学生可以选择就业或者进入普通高校或应用技术型高校学习。

北欧国家的高中学制一般是2-3年，但是也有3-4年的。比如，挪威的高中提供3年的普通高中教育或者4年的职业教育和培训。挪威的职业教育分为两年的学校学习和两年的在职培训和工作。

在北欧国家，完成高中学业后，学生可以选择就业或者继续进入高等教育阶段学习。在瑞典，学生一般使用高中三年的综合成绩或者瑞典学业能力考试（Swedish Scholastic Aptitude Test）成绩申请大学。其中，高中综合成绩是申请大学的主要依据。综合成绩包含各学科的出勤率、作业完成情况及学期考试成绩等。高中成绩分为A、B、C、D、E、F六个等级，达到等级E表示该门课程合格，等级A为最高成绩等级。瑞典学业能力考试由瑞典高等教育理事会负责，一年举行两次，分别是春季和秋季。春季考试一般是在4月份的某个星期六，秋季考试一般是在10月份的某个星期日。这个考试不是强制性的，学生可根据个人需要报名参加。考试分为Kvantiative和Verbal两个科目，每个科目包含80道题，分为4个模块。Kvantiative科目主要是考数学计算、定量比较、数据解读、理解图表和地图的能力。Verbal主要是词汇、阅读理解及造句能力，包含瑞典语和英语。考试总共有160道题。除了英语部分，其余全部使用瑞典语。考试在一天内完成，考试总时间是7个半到8个小时。这个时间包含了4个模块之间的休息时间及午餐时间。这个考试成绩也可以用来申请大学。如果某个学生高中毕业后先就业了，但是后来又想进入高校学习，如果他/她高中时的成绩不理想，就可以参加学业能力考试，使用该考试的成绩申请大学。如果高中时的学分不够，可以在成人高中补上所缺的学分。所以，一名学生如果要进入高校学习，主要看他在高中阶段的学习成绩或者学业能力考试的成绩。如果该学生在高中学的是职业类项目，那么他/她高中毕业后就可以工作或者进入技术类高校学习。如果该学生在高中学的是学术类项目，那么他/她可以进入学术类高校学习。

丹麦的高中教育分为普通高中和职业高中。普通高中教育的时长一般为2～3年，主要为进入大学做准备。丹麦的普通高中分为四个方向，包括3年的普通高中、3年的商科高中、3年的工科高中和2年的预备高中。在普通高中教育方向，学生可以从人文、科学或者社会科学科目中选择课程进行学习，毕业后可以进入普通大学。商科教育方向侧重商业和经济，毕业生可以进入商学院或者商科类大学。工科方向侧重工程技术类的课程，毕业生可以进入技术类高校。预备高中侧重社会科学类，毕业生可以进入社会科学类高校。不同方向的高中生参加相应方向的考试。毕业考试的标准是国家统一制定的，但是考试可以放到高中三年来完成。丹麦职业高中以职业为导向，拥有涵盖医疗、商业、农业、建筑等领域的 100 多个职业项目，目的是培养学生的某种职业技能。学习时间因项目的不同而不同，多数项目的学习时长为 3 年半到 4 年。丹麦职业高中的教育体系基于"学徒制"，采取高中教育与职业培训相结合的方式，强调学生在掌握基本理论知识的同时，提高实践能力，所以实践课占整个学习时间的三分之二。丹麦高校主要根据高考成绩录取学生，或者参考高考成绩和工作经历。如果某门课程的高考成绩不理想，可以重修。

挪威的高中分为普通高中和职业高中。普通高中教育是 3 年，职业高中教育是 4 年，分为 2 年在校学习和 2 年在职培训及工作。高中升大学的主要依据是高中成绩。高中之后的职业教育不属于高等教育，教育时长最短 6 个月，最长为 2 年。芬兰高中也分为普通高中和职业高中。芬兰高中教育的特点是学制比较有弹性，学习时间为 2～4 年，此外，芬兰采取"无班级授课制"，学生不分年龄和年级，只要选择了同一门课，就在同一课堂学习。芬兰高中的课程分为必修课程、专业课程和应用课程。目前，芬兰在积极探索现象教学模式，即根据主题安排课程内容，把不同学科的内容融入同一个主题。芬兰有高中毕业考试，一年 2 次，分别在春季和秋季举行，学生至少需要参加 5 个科目的考试，其中母语是必考的。芬兰实行双语制，官方语言为芬兰语和瑞典语，学生的母语指的是芬兰语或者瑞典语。此外学生可以在 20 多门课中选择 4 门进行考试。学生可以使用毕业考试成绩申请大学，但是有些大学还会组织不同学科的大学入学选拔考试。冰岛的高中分为职业技能类型和学术类型。选择职业技能类型教育的学生，在完成学业后可以工作。冰岛的高中有毕业考试，通常在每年的 5 月份进行，学生使用毕业考试成绩申请大学。

(五)高等教育

北欧国家的高等教育历史悠久。北欧最早的大学是瑞典的乌普萨拉大学，该校于 1477 年创立。丹麦最早的大学是创办于 1479 年的哥本哈根大学。这两所大学都创办于中世纪，所以创办之初，与别的中世纪大学一样，教学内容主要是神学、法学和哲学。目前，这两所高校都已成为综合类研究型高校。

以乌普萨拉大学为例，该校目前涉及人文社会科学、医药、科学和技术三大领域。在人文社会科学领域设有人文艺术学院、社会科学学院、语言学院、神学院、法学院及教育科学学院。在医药领域设有医学院和药学院。在科学技术领域设有科学技术学院。这些学院总共有 150 个系。根据乌普萨拉大学学校网站的数据，2023 年秋季学期共有 53729 名学生，7705 名教职员工。芬兰的赫尔辛基大学是芬兰的第一所大学。该校于 1640 年创建于图尔库，原名是图尔库皇家学院，1828 年迁至赫尔辛基。目前，该校是芬兰规模最大、专业设置最全的一所综合性高校。挪威奥斯陆大学于 1811 年创办，是挪威最大最古老的一所大学，有神学院、法学院、医学院、人文学院、理学院、口腔学院、社会科学院及教育学院共 8 个学院。冰岛大学建立于 1911 年，是冰岛第一所大学。以上高校是北欧地区历史比较悠久的综合性高校。

瑞典高等教育以公立大学为主，分为大学、大学学院、其他学院、艺术学院和其他高等教育机构。瑞典高等教育署(The Swedish Higher Education Authority)负责高等教育的评估，发布关于高等教育的统计数据。该机构每年都发表瑞典高等教育年度报告，内容包含高等教育的现状及其发展。根据瑞典高等教育署网站的统计信息①，目前瑞典大约有 50 所高等教育机构，其中包括 18 所大学，12 所大学学院，5 所艺术、设计及音乐学院及 15 所独立教育机构。除了乌普萨拉大学，瑞典比较有名的高校还有瑞典皇家理工学院和卡罗林斯卡医学院。瑞典皇家理工学院建立于 1827 年，是瑞典的第一所也是最大的一所理工科院校。在 2024 世界大学排名中，瑞典皇家理工学院在 QS 全球大学排名中排第 73 位。卡罗林斯卡医学院建立于 1810 年，是世界医学排名前十的医学院。瑞典高等教育委员会(The Swedish Council for Higher Education)主要负责瑞典学术水平考试、高等教育招生及国际合作等事宜。在该委员会的网站上，有详细的瑞典高等教育系统及机构的具体信息。根据该网站的信息，瑞典的学位系统分为三个阶段或等级。第一阶段是本科教育，第二阶段是硕士教育，第三阶段是博士教育。这种等级划分是为了适应博洛尼亚进程下欧洲高等教育区内的三级学位体系的构建，从而形成一致的欧洲区域高校学位等级体系。瑞典高等教育的学历证书分为普通资格证书(General Qualifications)；美术、应用艺术和表演艺术资格证书(Qualifications in the Fine, Applied and Performing Arts)及专业资格证书(Professional Qualifications)。普通资格证书及美术、应用艺术和表演艺术资

---

① https://www.uka.se/

格证书可以在所有三个阶段颁发，专业资格证书只在第一和第二阶段颁发。普通资格证书和美术、应用艺术和表演艺术资格证书在本科阶段有两种，一种是高等教育学位(Higher Education Diploma)证书，另一种是学士学位(Degree of Bachelor)证书。其中，获得高等教育学位需要120学分，获得学士学位需要180学分。在本科阶段获得专业资格证书需要120～195学分。与很多国家一样，瑞典大学的一个学年包含2个学期。瑞典的一个学年总时长是40周。一个学年的全日制教育等同于60学分。所以，本科学士学位的学制一般是全日制3年。瑞典的硕士有一年制也有两年制。获得一年制硕士学位需要60学分，获得两年制硕士学位需要120学分。获得专业资格证书需要240～360个学分。瑞典高等教育的第三阶段主要是博士教育，学制为2～4年。这一阶段只颁发普通资格证书及美术、应用艺术和表演艺术资格证书。与众不同的是，瑞典的第三阶段教育有一个硕士上学位(Degree of Licentiate)[①]，这个学位处于硕士学位和博士学位之间，获得该学位需要120学分，学习时间为2年。获得博士学位需要240学分，学习时间为4年。瑞典高等教育在2011年之前面向所有人免费，2011年开始向欧盟、欧洲经济区成员国及瑞士之外国家的学生收费。瑞典高等教育在本科阶段多为瑞典语授课，在硕士及博士阶段有英语授课项目。

丹麦有30多所高等院校，其中综合性大学8所、商业学院7所、文化艺术高等院校12所、大学学院8所、海事教育机构4所[②]。丹麦的高等教育包含短期(short-cycle)、中期(medium-cycle)和学士及长期(bachelor and long-cycle)的教育。短期高等教育指的是在高中教育后接受的那些总教育时长为1～2年的教育项目，这些项目主要是学术或者商业类课程。中等周期的高等教育也以高中教育为基础，学制一般为2～4年，主要包含护理、教学等领域。学士教育学制是3年，长期教育指的是硕士阶段的教育，学制是2年。丹麦实行岗位制博士制度，所以博士属于学校的教职员工，而不是学生。丹麦的高等教育起初对所有人免费，但是自2006年起，丹麦政府开始对欧盟、欧洲经济区成员国及瑞士之外国家的学生收费。丹麦的高等教育在本科阶段多为丹麦语授课，硕士阶段多为英语授课。目前，哥本哈根大学硕士阶段所有学位都是英语授课。

芬兰的高等教育机构归教育和文化部(The Ministy of Education and

① 孟毓焕. 博洛尼亚进程下的瑞典高等教育[M]. 北京：北京理工大学出版社，2017：32.

② https：//studyindenmark. dk/study-options/danish-higher-education-institutions

Culture)管理。在 2014 年之前，高等教育评估委员会(The Finnish Higher Education Evaluation Council，FINHEEC)负责对芬兰高校进行评估，并向教育和文化部提供咨询建议，同时还协助高校进行自我评估并推动高校的国际合作。2014 年，芬兰建立了芬兰教育评估中心(Finnish Education Evaluation Center，FINEEC)，对各级各类教育机构进行评估。芬兰的高等教育系统包含普通高校和应用技术高校。普通高校的主要职责包括教育和科研，这类高校可以授予学士、硕士及博士学位，涉及艺术、人文、自然科学等学科领域。这些学校在本科教育阶段一般都使用官方语言芬兰语或瑞典语授课。在这些高校，本科学制一般是 3 年，硕士学制是 2 年。芬兰的普通高校大约有 14 所，除了赫尔辛基大学外，比较知名的还有于韦斯屈莱大学、拉普兰大学、坦佩雷大学等。在芬兰，高等职业教育由应用技术高校负责实施，目的是培养各类工程技术类人才。这些高校一般只可以授予学士学位和硕士学位，因为这些学校重视应用，而博士教育重视研究。20 世纪 90 年代之前，芬兰的高等教育系统中只有普通高等教育。20 世纪 90 年代以后，为了适应时代发展对人才的需求，芬兰开始成立应用技术高校，提升职业教育水平。应用技术高校的学制一般是 3.5～4.5 年，最短实习期为半年。芬兰高校起初也是面向所有国际学生免费，但是自 2017 年开始，欧盟、欧洲经济区成员国及瑞士之外的国际学生需要缴纳学费。芬兰高校本科有一部分英语授课项目，其中应用技术高校的英语授课项目多于普通高校，这有可能是因为应用技术高校与商业、工业及服务业联系密切，要满足国际化劳动市场的需求。在学位设置方面，芬兰与瑞典类似，在博士阶段，都是有一个硕士上学位，处于硕士学位和博士学位之间。

挪威的高等教育由挪威政府负责，归教育与研究部(Ministry of Education and Research)管理。挪威的高等教育机构多数是公立的，少数是私立的。各高校有自己的董事会，负责学校的各项工作。各高校对自己的教学和科研负责。挪威目前有 76 所高校，包含综合类大学、技术类大学、商学类大学等①。综合类高校有奥斯陆大学，该校是挪威最大的综合类大学。技术类大学有挪威科技大学和挪威生命科技大学。商学类大学有 BI 挪威商学院。挪威高等教育分为大学(university)，专业型大学(specialized university)及大学学院(university college)。本科阶段，挪威高校的课程基本都是挪威语授课，也有一小部分用英语授课。比如，挪威综合类大学特罗姆瑟大学-挪威

① 商务部. 对外投资合作国别(地区指南)：挪威(2022 年版)[EB/OL]. [2023-12-1]. http://www.mofcom.gov.cn/dl/gbdqzn/upload/nuowei.pdf.

北极圈大学的北极探险旅游专业就是用英语授课的。为了融入博洛尼亚进程，挪威在2003年对高等教育进行了改革。改革后，挪威高等教育学位包括学士学位(3年)、硕士学位(2年)和博士学位(3年)[①]。挪威大学的学分与欧洲学分积累及转换系统一致，一学年全日制学习的学分为60学分。挪威的高等教育以前是面向所有人免费，但是自2023年秋季学期开始，来自欧盟、欧洲经济区成员国及瑞士以外的国际学生需要缴纳学费。以奥斯陆大学2023—2024学年硕士项目学费为例[②]，第一学年的学费是18万挪威克朗或26万挪威克朗，理工类的学费一般是26万挪威克朗，人文社科类是18万挪威克朗；第二学年的学费是19.1万挪威克朗或27.6万挪威克朗，理工类学费高于人文社科类学费。来自与奥斯陆大学有合作交流关系院校的交换学生则不需要缴纳学费。

冰岛高校也以公立为主。冰岛目前有7所大学，其中4所是公立高校，分别是冰岛大学、阿库雷里大学、农业大学和霍拉大学；3所高校是私立高校，由私人团体经营，这些高校是雷克雅未克大学、冰岛比佛罗斯特大学和冰岛艺术大学。在这些高校中，冰岛大学是冰岛最早的大学，也是目前唯一一所可以授予学士、硕士和博士学位的高校。冰岛的学位系统分为学士、硕士和博士学位。学士学习年限一般为3～4年，硕士为2年，博士通常为3年[③]。在本科阶段，学生可以选择一个专业学习，也可以选择两个专业或者一个主修专业加一个辅修专业。3年制的本科教育需要180个欧洲学分，4年制的本科教育需要240个欧洲学分。如果一个学生选择学习两个专业，每个专业需要满足120个欧洲学分。如果一个学生选择了一个主修专业和一个辅修专业，那么主修专业需要120个欧洲学分，辅修专业需要60个欧洲学分。硕士学位项目需要90或120个欧洲学分。博士学位项目至少需要180个欧洲学分[④]。目前，冰岛所有公立高校不向任何国籍的学生收取学费，但是需要缴纳注册费(registration fee)，每年的注册费是7.5万冰岛克朗[⑤]。冰岛大学

---

① 马早明."冰上丝绸之路"视域下中国与北欧五国教育合作政策研究[M].武汉：武汉大学出版社，2020：82.

② 具体信息参见奥斯陆大学官方网站关于学费的具体说明，https：//www.uio.no/english/studies/admission/tuition/table-of-costs/index.html。

③ 马早明."冰上丝绸之路"视域下中国与北欧五国教育合作政策研究[M].武汉：武汉大学出版社，2020：259.

④ 具体信息参见网址https://english.hi.is/node/4822。

⑤ 参见冰岛大学官方网站说明，具体网址为：https://english.hi.is/applications_for_study。

的授课语言一般是冰岛语，在硕士阶段，有一部分项目是全英语授课，其他项目也有一些单独课程(individual course)是英语授课，适合国际学生。以冰岛大学为例，本科阶段，国际学生可以选择语言类或者国际研究的相关项目。冰岛大学开设有丹麦语、英语、法语、德语、冰岛语、意大利语、西班牙语及瑞典语本科专业，此外还有日本语言和文化及韩国研究①。研究生阶段，冰岛大学大约有 58 个适合国际学生的硕士和博士项目，涵盖人文社科及理工类专业②。

在国际化方面，北欧高校普遍重视国际化发展，积极参与博洛尼亚进程及伊拉斯谟计划，促进北欧高校与欧洲其他高校的交流合作。此外，北欧高校还积极与世界多所高校合作，通过师生之间的国际流动，提升北欧高校的国际化程度，促进国际合作。除了师生流动之外，北欧高校还特别重视在地国际化，通过英语授课及国际化课程等途径，提升北欧高校的国际化程度，吸引更多国际学生及学者来北欧学习和工作。在地国际化让北欧学生不出国门就可以享受国际化的教育。

第二节　北欧高等教育国际化的动因

北欧国家普遍比较重视高等教育的国际化，本文认为动因主要有以下 3 个方面：区域合作的需要；了解全球的需要；增强北欧高等教育竞争力的需要。

一、区域合作的需要

北欧国家本身就有合作的传统。北欧国家在地理上同处北欧，在政治、历史、文化及宗教方面具有相似性，所以北欧国家重视北欧区域的合作。早在 20 世纪 50 年代，北欧地区就有开放的劳动力市场，一国的国民在其他北欧国家可以享受同等的国民待遇。与此同时，北欧国家开始了高等教育的合作③。第二次世界大战后，北欧国家在福利国家的建设中，形成了高税收、

---

① 具体信息参见网址 https://english.hi.is/undergraduate_list。

② 具体信息参见网址 https://english.hi.is/graduate_list；https://english.hi.is/doctorate_list。

③ Dang Q A. ‘Nordic added value’: a floating signifier and a mechanism for Nordic higher education regionalism[J]. European journal of higher education, 2023, 13(2): 142-160.

高福利、重视公平的北欧模式。这种模式在教育上的表现就是教育公办并且免费。北欧部长会议早在1988年就强调北欧国家之间的文化合作，而教育是重要的文化合作内容。在高等教育领域，北欧国家致力于建设北欧高等教育区。北欧议会及北欧部长会议设立了北欧高等教育区域合作的多个项目。1988年设立了Nordplus项目，促进北欧高校之间学生的流动。2004年设立北欧研究和创新区(Nordic Research and Innovation Area，NORIA)。2007年又设立了北欧硕士项目。这些项目的设立都是为了促进北欧高等教育的合作。

在20世纪末，所有北欧国家都签署了博洛尼亚宣言，参与欧洲高等教育区的建设。在博洛尼亚进程中，北欧高校与欧洲高校之间的合作加强，参与了伊拉斯谟+(Erasmus+)等项目。但是北欧区域的高等教育合作并没有结束。北欧国家重视北欧地区性发展，将其看作北欧区域性或者北欧身份的象征，这有助于增强北欧地区在全球的竞争力。所以，在国际合作中，北欧国家希望保留北欧区域特征，北欧区域合作在国家层面及欧盟之间运行。

二、了解全球的需要

在北欧国家高等教育合作及欧盟合作之外，北欧国家也重视与其他地区的合作。

北欧国家具有对外援助的传统。以瑞典为例，20世纪70年代瑞典高等教育国际化出现，在这一时期，国际化主要是为了促进国际合作及第三世界国家的发展。瑞典1968年大学调查报告提到，国际化与“发达国家”对“不发达国家”的援助有密切的关系，因此为了促进瑞典对“不发达国家”的各项援助，很有必要在瑞典工程师和医务人员教育中增加对“不发达国家”相关情况的介绍，提升这些人员对这些国家的了解程度。在1973年发表的大学调查报告中，国际化被看作高等教育的重要目标之一，其余目标是个人发展、福利、民主和社会变革。该报告强调教育不能仅限于瑞典社会。教育的国际化也不能局限于北欧国家及其他欧洲国家，应加大对非欧洲国家的关注。该报告还提出了高等教育国际化的建议，如课程内容的国际化，增加相关领域的外语教育，增加人员的流动性等①。1977年瑞典高等教育改革后，瑞典高等教育的内容增加了国际化，尤其是关于发展中国家的相关内容。这一时期国际化的动机主要和外交政策相关。

---

① Åkerlund A. A competition state perspective on the development of Swedish policies for internationalisation of higher education and research 1960s－2010s[J]. Nordic journal of educational history，2020(2)：105－106.

北欧国家重视与世界的联系。北欧国家人口普遍不多，一般只有几百万人口，人口最多的瑞典在 2023 年也只有约 1000 万人口。所以，北欧国家处于“小国寡民”的状态，国内市场有限。北欧国家都推行对外开放的自由贸易政策，属于外向型经济，因此对国际市场具有一定的依赖。北欧国家的跨国公司比较多，有众多世界知名公司。比如，瑞典的宜家、伊莱克斯和爱立信；芬兰的诺基亚；丹麦的乐高玩具；挪威的奥克拉铝业公司；冰岛生产假肢矫形器材的奥索公司等。这些公司在全球多个国家都设立了分公司。经贸之间的联系要求北欧高等教育的育人目标应该包含国际化人才的培养。所以，在贸易全球化发展的背景下，北欧高等教育不仅仅是为北欧区域培养合格的劳动者，还要为全球劳动力市场培养合格的劳动者。最后，北欧国家的语言都属于小语种，主要在北欧区域使用。所以，为了了解外面的世界，北欧国家普遍重视外语教育。德语和法语在北欧国家外语教育中的历史较长，这主要是由于地理位置和法国文化的影响。20 世纪后，英语进入北欧国家国民教育体系中，成为第一外语，属于必修课，德语和法语是第二外语，属于选修课。语言地位的确立，加速了英语在北欧教育体系中的发展。除了芬兰语属于乌拉尔语系，其余四个国家的语言(丹麦语、瑞典语、挪威语和冰岛语)都属于日耳曼语系。这些语言因为和英语属于同一个语系，所以和英语有很大的相似性，比如在语言形态学和句法学等方面，因此北欧人学英语就容易一些。此外，英语文化在北欧广泛传播，北欧人在日常生活中经常接触英语。这些都促使北欧国家国民英语水平比较高。在英孚教育机构(Education First，EF)历年发布的英孚英语熟练度(EF English Proficiency Index，EF EPI)报告中①，北欧国家(不含冰岛)都属于英语水平非常高的国家。根据英孚教育机构的网站信息，在 2011 年到 2021 年的报告中，挪威、丹麦、瑞典和芬兰都属于国民英语熟练度极高的国家。在该报告中，虽然没有冰岛的相关情况，但是因为同属于北欧国家，文化教育政策具有一致性，冰岛人的英语也应该很好。在这种情况下，英语成为北欧国家的重要语言资源，这也是北欧高等教育国际化发展的重要推动力之一。

---

① 英孚教育机构(EF)从 2010 年开始，通过对英语为非母语国家和地区的成年人进行英语熟练度调查，发布英孚英语熟练度报告(EF English Proficiency Index，EF EPI)。由于英孚的测试是面向全球 111 个国家和地区的 210 万成年人的标准化、客观的听力和阅读能力测试，测试结果与托福和雅思测试结果具有高相关性，测试结果具有一定可信度。所以，英孚的英语熟练度报告经常被用于说明一个国家的国民英语熟练度。在该机构历年的报告中，没有冰岛的排名。具体信息参见网址 https：//liuxue. ef. com. cn/epi/。

三、增强北欧高等教育竞争力的需要

新自由主义(neo-liberalism)最开始是产生于经济学和政治学的思想，强调自由市场的重要性，支持全球自由贸易和国际分工。20 世纪 90 年代之后，教育领域也开始受到新自由主义的影响，追求教育的自由化和市场化。在这种背景下，教育和市场经济中其他商品一样，可以在市场上进行自由交易。在教育领域，高等教育受新自由主义的影响最大。当高等教育成为可以面向全球市场的商品，那么教育质量就决定了一国高等教育的吸引力和竞争力。

为了评估各国高等教育的质量，一些主流学术机构定期发布世界大学排名，比较知名的世界大学排名有英国泰晤士高等教育世界大学排名、英国 QS 世界大学排名、中国软科世界大学学术排名、U. S. News 世界大学排名和 SCImago 机构排名等。在目前这些世界大学排名评价体系中，国际论文发表和国际学生人数等都是重要的评价标准。这主要是因为世界大学排名机构以英美国家为主且英语具有重要的国际学术语言地位。

以泰晤士高等教育世界大学排名为例，该排名每年更新一次，涉及 100 多个国家和地区的高校，从教学、研究、论文引用、产业收入、国际视野等方面对高校进行评估和排名。最新的 2024 年泰晤士高等教育世界大学排名[①]涉及 108 个国家和地区的 1904 所高校，评价指标分为教学(teaching)、研究环境(research environment)、研究质量(research quality)、国际视野(international outlook)和产业(industry)5 个领域，见表 3.1。教学占比是 29.5%，包含教学声望(teaching reputation)、师生比(staff - to - student ratio)、博士本科生比(doctorate - to - bachelor's ratio)、具有博士学位的学术员工比(doctorates - awarded - to - academic - staff ratio)和机构收入(institutional income)。研究环境占比是 29%，包含研究声望(research reputation)研究收入(research income)和研究产出(research productivity)。其中，研究产出的评估主要是看国际论文发表的数量，而国际论文的发表语言以英语为主。研究质量占比是 30%，包含文章引用影响力(citation impact)、研究优势(research strength)、研究成果(research excellence)及研究影响力(research influence)。国际视野占比 7.5%，包含国际学生的比例(proportion of international students)、国际员工比例(proportion of international staff)和国际合作(international collaboration)。产业占比为 4%，包含产业收入(industry

---

① 具体信息参见网址 https://www.timeshighereducation.com/world-university-rankings/world-university-rankings-2024-methodology。

income)和专利数量(patents)，这部分主要评估校企合作及研究成果促进产业发展的情况。

表 3.1　泰晤士高等教育世界大学排名评价指标

教学	研究环境	研究质量	国际视野	产业
教学声望	研究声望	文章引用影响力	国际学生的比例	产业收入
师生比	研究收入	研究优势	国际员工比例	专利数量
博士生本科生比	研究产出	研究成果	国际合作	
具有博士学位的学术员工比		研究影响力		
机构收入				

(信息来源：泰晤士高等教育世界大学排名官方网站 https：//www. timeshighereducation. com)

由此可见，国际化是诸多世界大学排名的重要评价指标。由于排名对高校的全球竞争力及留学生留学都具有很大的参考价值，所以各国高校都参考现有评价体系制定自身的发展战略。大学不再仅仅是一国的教育机构，而是要为全球教育市场服务。虽然这些大学排名评估体系主要是由英美等发达国家制定，有一定的不客观性，但是目前这些排名体系的影响力比较大，所以各国高校多参考这些评估标准制定本校的发展战略。国际化成为高校发展的重要方向之一。

在留学市场上，英美等国家是传统的留学热门国家。除了拥有诸多世界名校之外，这些国家的另一个优势就是英语。第二次世界大战后，随着英语进入很多国家的国民教育体系，世界上说英语的人口数量大增，英语成为全球语言。在学术界，英语也成为国际学术语言，国际期刊论文多数都使用英语书写。20 世纪末，随着各国经济的发展，留学进入大众化时代，英美等国自然而然成为热门的留学目的地国家。在新自由主义的影响下，教育成为全球市场的商品，是很多国家重要的国民经济来源。为了获得经济收入和高素质人力资源，非英语国家也开始向国际市场输出教育，与英美国家抢占留学生市场。为了吸引国际学生，非英语国家高校必须改革自身的人才培养体系，增加国际化的内容，改革课程设置，使用英语授课。

在欧洲非英语国家中，北欧国家的高等教育国际化起步较早，最开始是为了加强北欧整个区域内各国的联系，促进北欧区域的发展。后来，了解国际情况、提升北欧高校的竞争力成为北欧高校国际化的重要动机。国际学生的学费收入并不是北欧国家国际化的驱动力，因为北欧国家经济发展水平很高，高等教育在第二次世界大战后到 20 世纪末都是免费教育，属于国家福利体系中的一项，并且外国留学生也可以享受免费高等教育。丹麦从 2006 年开始向欧盟、欧洲经济区成员国及瑞士之外的国际学生收取学费。目前，除了冰岛，其余北欧国家和丹麦一样，开始向某些国际学生收取学费。但是和英美国家高昂的学费相比，北欧国家的学费比较低。以瑞典为例，人文社科类一学年的学费是 8 万～11 万瑞典克朗，理工类一学年的学费是 12 万～14.5 万瑞典克朗，建筑和设计类学费最高，一学年学费是 19 万～29.5 万瑞典克朗①。2023 年 8 月，1 瑞典克朗约等于 0.66 元人民币。按这个汇率计算，人文社科类一学年学费是 5.28 万元～7.26 万元人民币；理工类一学年的学费是 7.92 万元～9.57 万元人民币；建筑和设计类一学年的学费是 12.54 万元～19.47 万元人民币。硕士项目一般学制是 2 年，那么总学费是 10.56 万元～38.94 万元人民币。在国际教育市场上，北欧国家的留学学费并不高。由此可见，北欧国家高校国际化并不是为了获得国际学生的学费收入。

北欧国家高等教育国际化主要是为了提升高校的竞争力及学生的国际素养，最终目的是增强国家的经济实力。北欧国家基本都处于“小国寡民”的状态，经济上属于外向型经济，依赖对外贸易。所以，北欧高校培养的人才必须具备国际素养，能从事与国际事务相关的工作。那么，在北欧高校的人才培养中，就必须加入国际性的内容，让学生了解国际情况，具备一定的国际素养，适应国际性工作。但是，不是所有学生都有机会出国，所以北欧国家采取“在地国际化”策略，通过改革课程内容，招聘国际员工及招收国际学生等途径，提升北欧高校的国际化水平，从而提高学生的国际素养。此外，高等教育国际化有助于提升北欧高校的世界排名，增加北欧高校的竞争力，从而吸引更多的国际员工与学生。在知识经济的背景下，高素质的人才又可以促进经济的发展。高等教育国际化既为北欧国家培养了适应全球劳动力市场的国际化人才，又吸引了外来的高素质人才，最终可以增加北欧国家的经济实力及全球影响力。

第三节 北欧高等教育国际化的发展历程

北欧高等教育国际化起步较早，其发展历程可大致分为三个阶段：北欧

① 具体信息参见瑞典留学网站 www.studyinsweden.se。

区域国际化、博洛尼亚进程下的欧洲高校国际化及全球范围内的国际化。但是这三个阶段并不是完全独立的，有些阶段也有部分重合之处。划分这三个阶段主要是为了强调北欧高等教育的国际化发展历程在不同阶段具有不同侧重点。

一、北欧区域国际化

北欧高等教育国际化的第一个阶段大致是从 20 世纪 70 年代到 20 世纪末，主要表现为北欧区域国际化。北欧区域国际化早在 20 世纪 70 年代就开始了，在 21 世纪之前，北欧高等教育国际化主要指的是北欧区域国际化。在这一阶段，国际化主要表现为师生在北欧区域的流动及使用英语教授大学课程。

北欧国家同处北欧，由于在社会、经济、政治、文化、历史及宗教等方面具有一定的相似性，北欧国家特别重视区域合作，并且成立了促进区域合作的组织。1952 年，北欧委员会(Nordic Council)成立，该组织又被称为“北欧理事会”①，是北欧国家议会之间的合作组织，就北欧共同问题进行协商，促进北欧国家之间的合作。1971 年，北欧部长理事会②(Nordic Council of Ministers)成立，该组织致力于北欧国家政府之间的合作。根据工作内容，北欧部长理事会又被分为 20 多个独立的理事会，其中有一个理事会专门负责教育和研究方面的合作，即北欧教育和研究部长理事会(Nordic Council of Ministers for Education and Research)。该理事会成立后，签署了《文化合作协定》(Agreement on Cultural Cooperation)，促使北欧国家之间相互承认考试成绩及学位，并提供资金支持学生去其他北欧国家学习。1972 年，北欧工业基金(Nordic Industrial Fund)首次为北欧研究提供支持。1983 年，北欧部长理事会成立了科学政策议会(Nordic Science Policy Council)，促进北欧国家在科学研究领域的合作。在 20 世纪 70 年代到 20 世纪 80 年代，北欧高校合作是文化合作的重要内容③。

① 北欧理事会建立于 1952 年，是北欧国家议会之间合作的论坛，为政府提供咨询和建议。

② 北欧部长理事会建立于 1971 年，由 11 个单独的部长理事会组成，是北欧国家政府之间合作的论坛。

③ Dang Q A. ‘Nordic added value’: a floating signifier and a mechanism for Nordic higher education regionalism[J]. European journal of higher education, 2023, 13(2): 142-160.

20 世纪 80 年代，北欧高校就开启了学生之间的流动项目。1985 年，北欧国家开始实施北欧技术类高校学生之间的流动项目，即 Nordtek 流动项目。通过该项目，技术类高校的学生在最后一学年可以去参与该项目的其他北欧高校学习。此外，还有很多促进研究合作、教师培训、语言学习的流动项目。北欧部长理事会的 Nordplus 项目就是其中一个，该项目的目标是为了促进北欧高等教育领域之间的广泛合作，最终建立北欧教育共同体。Nordplus 项目的建立导因于欧共体(European Community)的伊拉斯谟计划。伊拉斯谟计划是欧共体于 1987 年启动的成员国高等教育机构之间的教育合作项目，目的是加强高校学生和教职员工的交流。当时，在北欧国家中，只有丹麦是欧共体成员国，可以参与伊拉斯谟计划。因此，北欧部长理事会启动了北欧国家高校之间的流动项目，即 Nordplus 项目，促进北欧高校之间师生的流动。后来，虽然北欧国家高校可以参与伊拉斯谟计划，但是 Nordplus 项目继续存在并发展。

除了师生流动外，英语授课也是北欧高校在这一阶段国际化发展的重要特点之一。瑞典高校很早就有英语授课了。1994 年，瑞典乌普萨拉大学本科阶段有 15％的课程使用英语授课，博士阶段有 70％的课程使用英语授课，主要是理工科专业进行英语授课。在丹麦，英语授课项目从 20 世纪 90 年代开始大量增加①。可见，北欧国家在 20 世纪 90 年代就开始用英语授课了。

二、博洛尼亚进程下的欧洲高校国际化

(一)博洛尼亚进程

博洛尼亚进程始于 1997 年的《里斯本认可公约》。1997 年 4 月 8 日至 11 日，欧洲委员会(Council of Europe)与联合国教科文组织在葡萄牙首都里斯本召开会议时提出了《欧洲地区高等教育资格认可公约》(*Convention on the Recognition of Qualifications Concerning Higher Education in the European Region*)。该公约主要设定了签约各国高等教育学历认可的基本原则。1998 年 5 月 25 日，法国、英国、德国和意大利四国的教育部部长在庆祝巴黎-索邦大学建校 800 周年的纪念会上，发布了《建设和谐的欧洲高等教育体系联合宣言》(*Joint Declaration on Harmonization of the Architecture of the*

① Airey J, Lauridsen K M, Räsänen A, et al. The expansion of English-medium instruction in the Nordic countries: Can top - down university language policies encourage bottom - up disciplinary literacy goals? [J]. Higher education, 2017, 73(4): 563 - 566.

European Higher Education System)，一般称为《索邦宣言》。《索邦宣言》提出了“欧洲高等教育区”(European Higher Education Area，EHEA)的概念和建立欧洲学分和学制体系的目标。1999 年 6 月 19 日，29 个欧洲国家在意大利博洛尼亚签署了《博洛尼亚宣言》(*The Bologna Declaration*)，这标志着博洛尼亚进程正式开始。《博洛尼亚宣言》确立了在 2010 年之前建立“欧洲高等教育区”的目标，并提出了具体的实施策略，包括采用本科生和研究生两阶段的高等教育体系，建立欧洲学分积累与转化系统，构建欧洲高等教育标准(European Dimensions in Higher Education)等，内容涵盖了学位、学分、标准等方面，为“欧洲高等教育区”的建立指明了具体的实施步骤。《博洛尼亚宣言》的签署标志着博洛尼亚进程的开始，欧洲高等教育的区域合作及国际化进程随之加快。博洛尼亚进程的主要目的是通过整合欧洲高等教育资源，建立欧洲高等教育区，促进欧洲高校的合作与交流，提升欧洲各国高等教育的质量和国际化程度，最终提升欧洲高等教育在世界上的竞争力。博洛尼亚进程签约国的教育部部长定期开会，发布会议宣言或者公报，推进博洛尼亚进程的深入发展。2010 年 3 月 11 日至 12 日，在布达佩斯和维也纳会议上，各签约国教育部部长发布了《关于欧洲高等教育区的布达佩斯-维也纳宣言》(*Budapest - Vienna Declaration on the European Higher Education Area*)，简称《布达佩斯-维也纳宣言》，宣告欧洲高等教育区正式成立。

在博洛尼亚进程下，各成员国对本国的高等教育进行了改革。改革后，各成员国的高等教育学位体系划分为学士、硕士和博士三个阶段。学分通过欧洲学分积累与转换系统进行转换。在学位体系上有可比性，学分又可以互相转换，这就方便了各成员国之间高校学生的流动。学士阶段，一般要求获得 180～240 个欧洲学分，硕士阶段要求获得 90～120 个欧洲学分，最低是 60 个欧洲学分。博士阶段没有具体的学分要求。

人员流动是博洛尼亚进程的重要目标。人员流动包括学生、教师及科研人员的流动。其中，学生的流动最开始只有本科生和研究生。2003 年 9 月，在柏林会议之后，博士生的流动才被纳入博洛尼亚进程。除了统一的学位系统及学分转换系统外，各成员国还通过开发联合学位、发放助学贷款和奖学金及设置弹性课程等措施促进人员的流动。2009 年在比利时鲁汶召开的欧洲高等教育部部长会议要求，到 2020 年欧洲高等教育区内至少有 20％的学生有国外交流的经历。

质量保障体系也是博洛尼亚进程的重要内容。2001 年布拉格欧洲高等教育部长会议提出建立共同的质量保障体系。2003 年的柏林欧洲高等教育部长会议提出加强欧洲标准和方法，坚持高校的自主性，明确高校在质量保障中的责任，并要求欧洲高等教育质量保证协会（European Association for Quality Assurance in Higher Education，ENQA）与欧洲大学协会（European University Association）及欧洲学生联合会（European Students Unions，ESU）等机构合作，提出一套关于质量保证方面的标准、程序和指南。2005 年的卑尔根欧洲高等教育部长会议采纳了欧洲高等教育质量保证协会起草的《欧洲高等教育区质量保障标准与指南》（*Standards and Guidelines for Quality Assurance in the European Higher Education Area*，ESG），简称 ESG2005。各成员国参考该标准与指南，提升本国高等教育质量，建立本国的高等教育质量保障体系并在高等教育质量保障领域进行跨国合作。2008 年，欧洲高等教育质量保障机构注册局（European Quality Assurance Register for Higher Education，EQAR）成立，公众可以从该机构得到可靠的关于某国高校教育质量的具体信息。该机构属于外部质量保障机构。因此，欧洲高等教育质量保障体系包含高校内部的质量保障体系、国家质量保障体系及欧洲高等教育质量保障体系。

此外，终身学习也是博洛尼亚进程的重要部分。2001 年的布拉格欧洲高等教育部长会议提出了终身学习的理念，继续教育成为欧洲高等教育区的重要部分。2003 年的柏林欧洲高等教育部长会议提出把终身学习纳入欧洲高等教育体系中，这有助于增加公民接受高等教育的机会。此外，欧洲议会于 2007 年通过了欧盟提出的欧洲终身学习资格框架（European Qualification Framework for Lifelong Learning，EQF）。该框架的资格水平从低到高共分为八级，涵盖了从义务教育到博士教育的所有教育阶段。其中，第一等级相当于完成义务教育水平。第八等级相当于完成博士教育。该框架促进了欧洲各国的资格水平互认，促进了欧洲公民的终身学习及流动。

（二）博洛尼亚进程下的北欧高等教育国际化

所有北欧国家都签署了博洛尼亚宣言，参与欧洲高等教育区建设及欧盟的师生流动计划。

北欧国家按照欧洲区域学位框架体系对本国原有的高等学位结构进行改革。改革之前，有些北欧国家高等教育采用的是二级学位结构，即基础学位和研究生学位。基础学位包含本科教育和硕士研究生教育。研究生学位包含硕士上学位和博士学位。以芬兰为例，芬兰高等教育基础学位阶段学制 6 年，其中本科教育 4 年，硕士教育 2 年；研究生阶段学制 4 年，包含硕士上学位和博士学位。硕士上学位介于硕士学位与博士学位之间，但前提条件是具有硕士学位。改革后，北欧高校采用本科、硕士及博士三级学位体系，这样，北欧高校与欧洲高等教育区内其他国家的高校在教育体系上就具有一致性。学分上，北欧高校采用欧洲学分制，一学年的全日制学习是60个学分。

北欧国家参与欧盟的师生流动计划。北欧国家中的丹麦，芬兰和瑞典属于欧盟成员国，可以参与欧盟的促进师生流动的项目，比如“伊拉斯谟”及“伊拉斯谟＋”(Erasmus＋)项目。“伊拉斯谟”计划是欧盟的学生交换计划，于1987年开始实施。“伊拉斯谟＋”计划是欧盟于2014年实施的一项新的计划，结合了欧盟当前所有教育、培训、青年和体育计划，其中教育涉及高等教育、职业教育、学校教育、成人教育等。“伊拉斯谟＋”计划为学生提供在国外学习和实习的机会，为教师和教育人员提供参加欧洲不同国家的国际培训课程的机会。挪威和冰岛虽然不是欧盟国家，但是属于欧洲自由贸易协会(EFTA)成员，根据“伊拉斯谟＋”的相关规定，也可以参与该计划。此外，伊拉斯谟世界联合硕士(Erasmus Mundus Joint Masters)计划为学生在欧洲高校或者其他高校进行学习、研究、实习等提供机会。一般这项计划至少涉及三个不同国家的三个高等教育机构及来自学术界或者非学术界的其他机构。硕士学制为1年或2年，需要具备60～120个欧洲学分。完成学业后，学生可以获得一个联合学位(joint degree)或者多个学位(multiple degrees)①。在教师的流动方面，通过“伊拉斯谟＋”计划，高校教师可以在欧盟其他高校任教或者参加培训。该计划规定教师在项目国家(programme country)和合作伙伴国家(partner country)可以享有最短5天，最长2个月的教学时间和培训时间。

北欧高校注重本国的高等教育质量评估。北欧国家都有负责本国高等教育评估的机构。瑞典政府成立了瑞典高等教育署。高等教育质量评估是瑞典高等教育署的重要工作之一。芬兰教育评估中心(FINEEC)负责芬兰的大学和应用科学大学的教育评估，具体的评估包括高等教育机构的质量审计、专题评估及学位课程审查等。一个高等教育机构通过质量审核，就可以获得有效期为6年的质量标签，并被列入芬兰教育评估中心的审核名录②。专题评估主要就某个领域进行评估，评估是为了提供相关信息，有助于教育政策的制定，促进教育的发展。挪威负责高等教育质量评估的机构是挪威教育质量保障机构(The Norwegian Agency for Quality Assurance in Education)。该机构是欧洲高等教育质量保障协会的会员，一般每5年接受一次外部审查，以

---

① https://erasmus-plus.ec.europa.eu/opportunities/opportunities-for-individuals/students/Erasmus-mundus-joint-masters

② https://www.karvi.fi/en/evaluations/higher-education

符合欧洲高等教育区的质量标准。丹麦高等教育质量保障及评估中心(Center for Quality Assurance and Evaluation of Higher Education)负责丹麦高校的评估。冰岛教育、科学及文化部(The Ministry of Education, Science and Culture)负责冰岛高等教育评估。这些评估机构有的在博洛尼亚进程之前就已经存在，如丹麦高等教育质量保障及评估中心成立于1992年。在博洛尼亚进程下，这些机构按照欧洲高等教育区的质量标准和指南进行评估工作，目的是提高高校的教学、学习和研究质量。

三、世界合作

除了参与欧洲高等教育区建设之外，北欧高校还特别重视与欧洲之外高校的国际合作。所以，北欧高校的国际合作不局限于欧洲区域，而是全球范围的国际合作。

北欧国家重视与亚洲、大洋洲、非洲及拉丁美洲等国家高校合作，促进北欧国家与这些地区国家高等教育的双边合作。以瑞典为例，瑞典有多个项目是为了加强瑞典与亚洲、大洋洲及非洲等地区高校的合作。“艾森默朵”(ASEM-DUO)项目是中欧会议(ASEM)推出的针对欧洲、亚洲和大洋洲学生和教师的交流计划，瑞典、丹麦、挪威、芬兰都参与了该项目。艾森默朵-丹麦(DUO-Denmark)由丹麦科学、技术和创新部及丹麦外交部赞助，促进丹麦高校和亚洲国家高校之间的双边合作，该项目于2005年停止。“艾森默朵-瑞典”(DUO-Sweden)项目设立于2010年，是专门针对瑞典和中国、韩国、新加坡等21个亚洲国家高校开展的本科生和研究生交换的项目。该项目一直正常运行。如果要参与该项目，必须满足3个条件：首先，一所瑞典高校和一所亚洲高校之间有合作协议；其次，瑞典高校从本校学生中选择一名欧盟学生派往亚洲高校；最后，这所亚洲高校选择一名亚洲学生送到这所瑞典高校学习。奖学金的期限是1个学期(或4个月)，只有全日制学生可以申请奖学金。奖学金的金额从3000欧元到4000欧元不等。如果是瑞典高校和高收入水平的亚洲国家高校之间进行交换，亚洲高校学生和瑞典学生都可以获得3500欧元的奖学金。如果是和中低收入水平的亚洲高校之间进行交换，亚洲学生可以获得4000欧元的奖学金，瑞典学生可以获得3000欧元的奖学金①。

瑞典的林奈-帕姆基金项目(Linnaeus-Palme Programme)资助瑞典与非洲、亚洲和拉丁美洲中低收入国家的高校开展本科和研究生阶段的教师和学

① http://www.asemduo.org/02_programs/programs_04.php

生交换合作。该项目于 2000 年启动，由瑞典国际发展合作署(Swedish International Development Cooperation Agency)提供经费资助，瑞典国家高等教育署负责评审和颁布名单。在博士层次的交流方面，瑞典有“研究训练伙伴计划”(Research Training Partnership Programme)。该计划也是瑞典国际发展合作署资助的，目的是促进瑞典的大学与那些长期合作的其他国家的大学进行合作。

第四章　课程及科研国际化

课程及科研国际化属于在地国际化的内容，指把国际化的元素或内容加入到课程和科研中。在这一章中，我们将探讨北欧高等教育的课程及科研的国际化。

第一节　课程国际化

一、课程国际化概念

课程国际化(Internationalization of Curriculum)这一教育学术语最早是由澳大利亚拉筹伯大学教授贝蒂·利斯克(Betty Leask)提出来的，指的是“将国际、跨文化和/或全球因素纳入课程内容以及学习成果、评估任务、教学方法和学习计划的支持服务中”①。我国学者李盛兵认为“课程国际化是指在国际观念的指导下，把国际的、跨文化的知识与观念融入课程，通过课程内容、课程结构、课程管理、教材建设、外语教学等形式，培养具有国际观念、国际视野和技能的国际化人才的动态发展过程”②。以上两个定义都将课程国际化看作一种行为过程。课程国际化的实现途径主要有：使用原版教材(英语为主)；全英语授课；开设外语课程及国际性问题课程③。课程国际化是高等教育在地国际化的主要途径，有助于提高学生的国际素养。在地国际化的概念源自北欧，因此，在北欧高等教育的国际化发展中，北欧高校很重视课程的国际化。

二、英文教材

在教材方面，北欧高校中存在使用英文教材的现象和传统，尤其是在硕

---

① Leask B. Internationalizing the curriculum[M]. New York：Routledge，2015：9.

② 李盛兵. 高等教育国际化研究[M]. 北京：科学出版社，2019：48－50.

③ 同上。

士和博士阶段。这主要是因为北欧各国的国情和高等教育的国际化发展。

北欧高校有使用外语教材的传统，这主要是因为北欧国家的国情。一方面，因为北欧人口数量少，教材市场很有限，出版成本比较高，政府缺乏资金支持本地语言教材的出版。另一方面，北欧的地理位置决定了北欧国家了解外部世界的愿望比较强烈。在学术圈，英语是重要的学术语言，世界知名出版社出版的教材都是英语的，如牛津大学出版社。

在本科阶段，北欧高校使用本地语言教材比较多，而研究生阶段主要使用英语教材。这是因为本科阶段的学生群体以本国学生为主。在这一阶段，外籍学生也必须使用当地语言进行专业课的学习。例如，瑞典的学前教育本科教材基本都是用瑞典语编写的。但是，一些理工科和医学等本科专业也存在使用英语教材的情况。在硕士和博士阶段，外籍学生比较多，有很多英语授课的课程和学位项目，因此英语教材的使用数量必然增多。此外，北欧国家都参与了博洛尼亚进程，致力于欧洲高等教育区的建设和高校的国际化发展。近年来，欧洲高等教育区内的学生流动比较频繁，因此学生群体变得多元化。在这种背景下，高校使用英语教材的频率越来越高。

个别北欧国家，如冰岛，对外语教材的依赖程度特别高。由于国家小，国内市场有限，教材出版成本太高，所以，冰岛高等教育自建立之日起，教学就基本依赖国外出版的教材。冰岛学者曾对冰岛各高校的英语教材使用情况进行了研究。该学者首先研究了冰岛各高校在 2007 年到 2008 学年的英语教材使用情况，研究主要是通过了解各高校书店的教材清单、学校网站与课程及教材相关的内容等进行的。2009 年，该学者以冰岛大学作为研究个案，通过向该校学生发送 1000 余份问卷，调查了不同专业和学位项目的学生使用英语教材的具体情况。研究结果表明，冰岛各高校使用的教材基本都是英语教材，在有些高校，如冰岛农业大学，使用的教材全部是英语教材。此外，英语教材的使用具有学科差异，自然科学学科使用英语教材的比例要远远高于人文学科。对于自然科学学科，高校使用的教材几乎全部是英语教材，但是在人文学科领域，使用的教材涉及多个语种。在调查的学生中，77％以上的人认为在自己专业使用的教材中，英语教材的比例高于 75％。其中，93％的工程和自然学科专业学生认为，本专业使用英语教材的比例高达 90％①。这比较容易理解，因为理工科的内容具有客观性，而人文学科的内容有时会

① Arnbjörnsdóttir B，Ingvarsdóttir H. Language development across the life span：the impact of English on education and work in Iceland［M］. Springer International Publishing AG，2018：154.

涉及国家的具体情况，国外的英语教材并不适合各国的具体国情。此外，由于语言学科的内容涉及不同语种，因此只能使用某个语种的语言教材。由此可见，冰岛由于国家小，对英语教材的依赖程度非常高。

三、英语授课课程

在高校的国际化发展中，除了人员的国际流动之外，另一个主要表现就是英语授课课程和学位数量的增加。这主要是为了吸引留学生，获取高额学费，弥补本地学生人数的不足及提升高校的国际排名。除此之外，提升本国学生的国际竞争力也是重要的目的之一。在英语授课方面，北欧国家高校处于欧洲高校的前列，开设了大量的英语授课课程。对北欧国家来说，英语授课既是提升高校在地国际化程度和国际竞争力的重要途径，也是为本国吸引国际优秀人才，缓解老龄化社会劳动力不足的一个途径。此外，北欧地区的语言政策也支持英语授课。授课语言的选择主要受国家和高校的语言政策影响，尤其是在授课语言是外语的情况下，因为这牵涉到本国语言的语言地位。北欧地区实行“并行语言使用”(parallel language use)的语言政策，英语是北欧社会的重要语言。所以，在语言政策上，北欧国家不反对英语作为高校的授课语言。在某种程度上，英语授课成为北欧地区“并行语言使用”的语言政策在高校的语言实践。

(一)英语授课概念

英语授课指的是“在大多数人口的第一语言不是英语的国家或辖区使用英语教授学术科目(英语课程除外)”①。

关于英语授课的概念，人们经常把“英语授课”与“语言与内容融合学习”(Content and Language Integrated Learning，CLIL)混淆。英语授课指的是使用英语去教授非英语科目，比如数学和物理。与使用本国语言教授的这些课程相比，课程的内容没有改变，唯一改变的是授课语言。因此，在英语授课课程中，课程的重点是专业领域的知识，而不是英语。也就是说，英语不是课程及课程评估的内容。但是在语言与内容融合学习中，语言与学科内容都是课程及课程评估的内容。也就是说，这种课程是通过内容学习语言。既然语言不是英语授课课程的教学目标，那么参加这种课程的学生应该具备一定的英语能力，否则将影响课程学习的质量。

---

① Macaro E，Curle S，Pun J，et al. A systemic review of English medium instruction in higher education[J]. Language teaching，2018，51(1)：37.

(二)北欧高校英语授课现状

北欧国家高校在 20 世纪 90 年代就开始用英语授课了。1994 年，瑞典乌普萨拉大学就有 15%的本科课程和 70%的博士课程使用英语授课。丹麦从 20 世纪 90 年代开始增加英语授课的项目。到 2013 年，28%的丹麦全日制学位项目使用英语授课。挪威的英语授课大致是从 2000 年开始的①。欧洲学术委员会(The Academic Cooperation Association，ACA)曾对欧洲高校的英语授课情况进行调查，北欧高校的英语授课数量位于欧洲前列，具体见表 4.1 所示。

表 4.1　北欧高校英语授课项目情况

国家名称	提供英语授课项目的数量			英语授课项目所占的比例/%		
	2001 年	2006 年	2013 年	2001 年	2006 年	2013 年
瑞典	42	123	822	3.5	4.1	24.2
丹麦	42	96	494	7.0	7.4	38
芬兰	85	208	395	5.0	13.9	23.2
挪威	35	53	187	3.9	2.5	8.1
冰岛	3	1	33	3.0	0.3	3.3
欧洲总数	725	1673	8089	2.0	2.3	5.7

(资料来源：欧洲学术委员会网站 https：//aca-secretariat.be/)

注：本表中的具体数据根据欧洲学术委员会的公开出版物整理而成，具体数据来源如下。

1. 2001 年的数据来自 Maiworn F，Wächter B. English-language-taught degree programmes in European higher education-trends and success factors（ACA papers on international cooperation in education）［M］. Bonn：Lemmens Verlags-Mediengesellschaft，2002：28 .
2. 2006 年的数据来自 Wächter B，Maiworm F. English-taught programmes in European higher education —the picture in 2007(ACA papers on international cooperation in education)[M]. Bonn：Lemmens Medien GmbH，2008：32.
3. 2013 年的数据来自 Wächter B，Maiworm F. English-taught programmes in European higher education：the state of play in 2014[M]. Bonn：Lemmens Medien GmbH，2015：43 - 44.

从表 4.1 可以看出，在提供英语授课项目的数量方面，所有北欧国家的英

① Airey J，Lauridsen K M，Räsänen A，et al. The expansion of English-medium instruction in the Nordic countries：can top-down university language policies encourage bottom-up disciplinary literacy goals? [J]. Higher education，2017，73(4)：561 - 576.

语授课项目总量基本都在增加，其中冰岛在 2006 年出现了数量减少的情况，但是到 2013 年，数量增长很快，是 2006 年的 33 倍。在北欧国家中，瑞典的英语授课项目数量最多，冰岛最少。这主要和国情有关，冰岛的高校数量比较少，只有 7 所(2023 年)。总体来看，北欧国家高校在 2001 年至 2013 年，英语授课项目数量快速增长。在英语授课项目占所有项目的比例方面，北欧高校(冰岛除外)远远高于欧洲总体水平。这说明，英语在北欧高校教学中使用的频率比较高。在一定程度上，这也说明北欧高校课程的国际化程度高。

2015 年后，欧洲学术委员会没有继续统计英语授课项目的情况。为了了解北欧高校目前的英语授课情况，笔者通过查询每个北欧国家对外招生网站上的信息进行统计，具体的统计结果见表 4.2。

表 4.2　北欧高校英语授课情况

国家	英语授课项目数量	
	本科	硕士
瑞典	100	1000
丹麦	64	371
芬兰	46	343
挪威	19	300
冰岛	不详	不详

(资料来源：北欧各国国际招生平台，瑞典的网址为 https：//studyinsweden. se/；丹麦的网址为 https：//studyindenmark. dk/；芬兰的网址为 https：//www. studyinfinland. fi/；挪威的网址为 https：//studyinnorway. no/；冰岛的网址为 https：//study. iceland. is/)

注：本表中的具体数据是根据北欧各国国家层面的国际招生平台信息进行整理而成的。

基于以上内容，可以发现，北欧高校使用英语作为授课语言的情况十分普遍。增加英语授课课程和学位项目是非英语国家高校在国际化发展中的重要策略，在这方面，北欧国家高校位于欧洲前列。

四、师生的学术英语能力培养

北欧高校在国际化发展中，大量开设英语授课课程和全英语授课学位项目。在此背景下，师生的英语能力，尤其是学术英语能力，是影响教学质量的关键因素之一。虽然北欧国家国民的英语能力普遍比较高，但是本地学生在进入高等教育之前，在基础教育、中等教育和日常生活中，接触到的英语基本都属于非学术英语，而英语学科之外的其他科目的教学语言是本国语言。作为一门外语科目，虽然英语的语言地位很高，在北欧国民基础教育体系中处于第一外语的位置，但是作为语言科目，英语学习主要还是训练学生的听、说、读、写等方面的语言技能。而大学的学术英语属于特殊用途英语，涉及科技术语和科技文献方面的语言知识，因此，北欧学生从中小学英语科目的学习中无法获得足够的学术英语训练，不能满足大学专业英语学习的要求。虽然也有研究表明，北欧学生可以克服全英语授课的困难，但是也需要花费大量时间才能达到使用母语授课的教学效果①。因此，在大学的专业学习中，北欧本国学生依然需要进行学术英语方面的语言训练。此外，随着北欧高校的国际化发展，师生来源也具有国际化特点，在进入北欧高校学习或工作之前，他们具有不同的学习或工作经历，相应获得的学术英语训练也有差异。因此，之前接受的学术英语训练不一定能满足英语授课的课程教学和学习要求。对于北欧本国教师来说，当授课语言从本国语言转为英语时，也需要一个适应期，并且需要相应的语言培训。因此，北欧高校的师生，不管其背景如何，都需要学术英语方面的语言培训，这样才能适应英语教材的使用及英语授课的课程及学位项目的学习。本书以丹麦哥本哈根大学为例，详细说明该校如何向参与英语授课的师生提供语言支持。选择哥本哈根大学作为案例，主要是因为该校重视向师生提供语言支持服务，并且在北欧地区，该校是唯一一所开发了学术员工英语口语水平测试的高校，因此该校在培养师生的学术英语能力方面，处于北欧高校前列。

(一)学生的学术英语支持

高校的国际化发展需要师生具有多语能力。为了应对国际化发展对师生语言能力提出的挑战，哥本哈根大学实行“并行语言使用”的语言政策，并于2008年建立了国际化和并行语言使用中心(Center for Internationalisation and Parallel Language Use)，向师生提供所需的语言课程，提升师生的语言能力。“并行语言使用”指的是两种语言并行使用于同一语言场合。一般情况下，该校的“并行语言使用”主要指的是英语和丹麦语的并行使用。关于该语言政策的具体内容，将在下一章详细说明，这里不做过多介绍。除了提供语言课程外，该中心还进行一些语言相关研究，涉及语言政策和语言规划、需求分析、跨文化交际、语言测试及评估、英语授课、丹麦语作为第二语言等。

国际化和并行语言使用中心向师生提供多样化的语言课程，满足该校师生

① Airey J, Lauridsen K M, Räsänen A, et al. The expansion of English-medium instruction in the Nordic countries: can top-down university language policies encourage bottom-up disciplinary literacy goals? [J]. Higher education, 2017, 73(4): 561-576.

的语言需求。课程类型既有单独的语言课程(individual language courses)，也有量身定制的语言课程(tailor-made language courses)，能满足不同群体或个人的需求。开设的语言课程主要是英语和丹麦语，此外还有法语和德语等。法语和德语课程主要是为那些出国交换学习或实习的学生开设的。

该中心向学生提供的英语课程有学术英语、英语写作及量身定制的课程。为本科生开设的学术英语课程主要有以下课程：学术英语(Academic English，15 ECTS)；本科生学术英语写作(Written Acedemic English for Undergraduate Students，7.5 ECTS)；本科生英语学术报告技巧(Presentation Techniques in English for Undergraduate Students，7.5 ECTS)。丹麦学生和国际学生都可以参加这些课程。这些课程既可以作为选修课，也可以作为独立课程(standalone courses)供学生选择。学术英语课程每学期都开设，课程由一系列的互动工作坊(interactive workshops)构成，学生可以选择一个本学科的研究问题进行研究和写作。在课程中，学生可以分析模范文章和同伴的文章，理解英语学术文章的特点；可以通过3～7分钟的学术报告锻炼学术演说能力；还可以撰写研究文章，与同伴讨论并获得导师的点评。通过该课程，学生能掌握撰写学术文章并进行口头报告的技能。本科生学术英语写作课程主要训练学生的学术英语写作能力，而本科生英语演说技巧课程主要训练学生做英语学术报告的能力。为研究生开设的学术英语课程有研究生学术写作(Written Academic English for Graduate Students，7.5 ECTS)和英语学术报告技巧(Presentation Techniques in English for Graduate Students，7.5 ECTS)，课程内容与本科生的课程内容类似，重点是培养学生的学术写作及做学术报告的能力。每年的春季学期，哥本哈根大学与开放大学(Open University)合作，开设创造性写作课程(Creative Writing)，帮助学生进行一些短小文章的写作训练。量身定制的课程是为了提升学生学习英语、做学术报告及通过英语考试等的语言能力。在课程开始之前，该中心对学生的需求进行分析并确定学生的能力水平。针对英语授课课程的学生，该中心提供专门的入门课程，即英语语言需求诊断和英语语言教学课程准备(Diagnosis of English-Language Needs and Preparation for English Medium Instruction Courses)。该课程主要是为了了解学生的英语语言需求并帮助学生做好语言方面的准备，提升学生的语言能力和英语授课课程的教学效果。

(二)教师的学术英语评估及语言支持

随着英语授课课程数量的增加，如何保证高校教师具有使用英语授课的语言能力这一问题逐渐突显。在这方面，丹麦哥本哈根大学国际化及并行语言使用中心于 2009 年创制了本校的学术员工英语口语水平测试(Test of Oral English Proficiency for Academic Staff，TOEPAS)。该测试主要针对的人群是英语授课项目或课程的教师，目前已经有 400 多人参加了这一测试。该测试不仅在本校具有适用性，在丹麦及北欧地区也具有一定的权威性。该测试的目的一方面是为了了解授课教师的语言能力并提供语言支持服务，另一个方面是为了让授课教师了解自己英语语言使用的优缺点。只要参加了该测试，不管是否达到合格水平，国际化及并行语言使用中心都会给参加测试的人员提供一份详细的报告及参加测试的视频。所以，这一测试属于诊断性测试，最终目的是提高员工的英语授课能力。

这一测试同时对三名授课教师进行测试。首先，这些教师讨论彼此的职业背景和兴趣。这一步主要是为了热身。然后，每位教师进行 20 分钟的讲座，内容与所教授的课程相关。最后是问答环节，讲座教师要回答另外两位教师提出的问题。整个测试持续 2.5 小时，并且全程录像。

测试结果共分为 5 个分数类别①，具体信息见表 4.3。

表 4.3　丹麦哥本哈根大学学术员工英语口语水平测试分数说明

分数	能力	备注
60	该教师已经具备出色的大学英语教学能力，已获得英语授课的资格证书	不需要培训
50	该教师表现出良好的大学教学的英语水平，已获得教授英语授课课程的资格证书	无须培训，但培训可能有益
30	教师的英语水平足以胜任大学教学工作，已获得教授英语授课课程的资格证书	无须培训，但强烈建议参加培训
20	教师的英语水平不足以胜任大学教学工作，未获得教授英语授课课程的资格证书	需要培训
10	教师的英语水平有限，无法胜任大学教学工作，未获得教授英语授课课程的资格证书	需要大量培训

(资料来源：哥本哈根大学国际化与并行语言使用中心网站 https：//cip. ku. dk/english/documents/Test _ of _ Oral _ English _ Proficiency. Pdf.)

① University of Copenhagen. Test of oral English proficiency for academic staff (TOEPAS2.0) [EB/OL]. [2023 - 9 - 21]. https：//cip. ku. dk/english/documents/Test _ of _ Oral _ English _ Proficiency. Pdf.

为了使这一测试成绩具有可比性，哥本哈根大学国际化与并行语言使用中心制作了这一测试成绩与欧盟的语言能力等级框架(欧框)的对照表①。其中，30分相当于欧框的B2－C1水平，40分是C1水平，50分是C1－C2水平，60分是C2水平。在欧框的等级中，C1－C2属于使用英语特别熟练的级别，接近英语为母语者的水平。由此可见，哥本哈根大学对英语授课教师的英语能力要求是很高的。

除了对学术员工的英语能力进行评估外，哥本哈根大学国际化与并行语言使用中心还通过语言课程和量身定制的课程为员工提供语言支持服务。课程的对象除了学术员工外，还有行政人员和技术人员。因为北欧国家高校实行的是岗位制博士制度，所以博士生属于学校的工作人员，也属于学术员工，可以参加针对学术员工的语言课程。为学术员工开设的语言课程有单独的语言课程和量身定制的课程。单独的语言课程主要有学术英语课程和针对国际员工的普通丹麦语和学术丹麦语课程。学术英语课程包括学术英语写作和学术英语报告。量身定制课程的对象可以是个人，也可以是同一院系的教师。根据教师的学术技能、语言水平和需求、教学、科研等方面的情况，有针对性地设置课程，提高教师的英语语言能力。与学术员工的课程一样，学校为技术和行政人员提供的语言课程也分为单独课程和量身定制的课程。单独的语言课程也是根据技术和行政人员的工作需求来进行设计的，目的是提高这些员工在工作场合中使用英语或丹麦语的能力。量身定制课程的对象是某个部门或者院系的工作人员，根据他们的语言能力和需求进行课程设置，目的是满足这些人员在日常工作中的语言需求，提升他们的语言能力，从而帮助他们应对在学校国际化发展中遇到的语言挑战，促进学校的国际化发展。由此可见，丹麦哥本哈根大学重视提升师生的语言能力。

五、全球胜任力的培养

(一)全球胜任力

经济全球化发展使世界各国之间的联系变得紧密，各国处于同一命运共同体中。经济全球化对各国高等教育的影响之一就是要面向国际人才市场培养人才，培养的人才除了具有专业技能外，还应具有国际理解、跨文化交际及多语等能力，能胜任国际性工作。在高校的国际化发展中，大学应注重培养学生的全球胜任力。

① University of Copenhagen. Alignment of the TOEPAS scale with the common European framework of reference [EB/OL]. [2023－9－21]. https://cip.ku.dk/english/certification/bokse/Alignment_of_the_TOEPAS_scale_with_the_CEFR_final.pdf.

经合组织(OECD)和亚洲协会全球教育中心(Center for Global Education at Asia Society)出版的书籍《在快速变化的世界中教授全球胜任力》(*Teaching for Global Competence in a Rapidly Changing World*)指出，全球胜任力包括认知发展、社会情感技能和公民学习等内容，包含以下 4 个维度：批判性地研究贫穷、贸易、移民、不平等、环境正义、冲突、文化差异等问题的能力；理解和欣赏不同观点和世界观的能力；与不同国家、社会、种族、宗教背景和性别的人积极互动的能力；在前 3 个维度的基础上，愿意采取建设性的行动来解决可持续发展和福祉问题①。在经合组织发布的《2018 年 PISA 测试和分析框架》(PISA 2018 Assessment and Analytical Framework)中，专门有一章详细介绍了 PISA 测试中的关于全球胜任力的测试。该组织认为："全球胜任力是一种多维度、终身学习的目标。具有全球胜任力的个人能够研究本地、全球和跨文化问题，理解和欣赏不同的观点和世界观，成功地与他人互动并尊重他人，采取负责任的行动，实现可持续发展和集体福祉"②。这 4 个方面就是 PISA 测试认为全球胜任力包含的 4 个维度。该组织认为获得这 4 个维度的能力需要知识、技能、态度和价值观这几个不可分割的因素的支撑。

(二)瑞典皇家理工学院全球胜任力培养

瑞典皇家理工学院是瑞典最大的理工科大学，也是世界著名的大学。该校十分重视培养学生的全球胜任力，于 2016 年开始颁发全球胜任力资格证(Certificate of Global Competence)，目的是以选修课的形式，在不影响各专业课程设置的前提下，在目前的专业培养中融入全球胜任力的培养。全球胜任力资格的培养由 3 部分内容构成：跨文化能力(intercultural competence)、国际流动或者同等资格(international mobility or equivalent)和全球胜任力，涉及两门课程和交换学习。学生在跨文化能力课程中主要通过实例和学习，以及思考和分析跨文化情况，理解跨文化交流和合作。国际流动指的是不短于 8 周的跨文化实践，学生可以通过交换学习、领域研究或者海外实习等方式进行，既可以是实际流动(physical mobility)，也可以是虚拟流动(virtual

---

① Asia Society, OECD. Teaching for global competence in a rapidly changing world [EB/OL]. [2023 - 9 - 3]. https://www.oecd-ilibrary.org/docserver/9789264289024en.pdf?expires=1708180081&id=id&accname=guest&checksum=FDE4D7C9D8CD41EBB537168EB110EC9F.

② OECD. PISA 2018 assessment and analytical framework. [EB/OL]. [2023 - 9 - 3]. https://www.oecd-ilibrary.org/docserver/b25efab8-en.pdf?expires=1708180821&id=id&accname=guest&checksum=C1737EE4B97E16A8A8D16ECE4B18D33D.

mobility)。全球胜任力课程注重培养全球公民意识、可持续发展、跨文化环境中情境适应的领导力(situation-adapted leadership in inter-cultural environments)、跨文化和跨学科团队合作中的沟通能力等。通过以上课程考核和跨文化实践，学生在获得学位的同时，还可以获得学校的全球胜任力资格证，证明该学生可以胜任国际化环境中的工作。对于不想获得该资格证但是又想学习相关课程的学生，可以选修跨文化能力课程。

可以看出，瑞典皇家理工学院在培养学生全球胜任力方面别出心裁，在不影响学校各专业课程设置的情况下，在学生培养中融入了对全球胜任力的培养。学生在学校就可以获得相关能力的培训。此外，资格证书也是对学生全球胜任力的认可，可以提升学生在就业市场的竞争力。可以说，瑞典皇家理工学院在学生全球胜任力培养方面，为我们提供了一个可供借鉴的模式。在高校的国际化发展中，培养国际化人才是重要的内容。学生的国际化素养可以通过相关的课程进行培养，这也是课程国际化的内容之一。国际化高校既要重视学生的专业课程学习，又要重视全球胜任力的培养，因为在国际化的工作环境中，员工既需要具有专业知识，还需要具有全球胜任力，能适应国际化的工作环境，能理解不同文化并与不同文化和国籍的员工一起工作。

第二节　科研国际化

一、科研国际化的内涵

科研是高校的重要职能之一。在高校的国际化发展中，科研国际化是重要的内容。科研国际化一般指的是科研活动中的国际化元素，如国际论文发表和国际科研合作。李盛兵认为科研国际化包含科研课题的国际化和国际性学术会议，其中，科研课题的国际化主要包含“课题组成员的国际化、资助的国际化、信息资源的国际化及科研成果发表与应用的国际化”；国际性学术会议主要指的是高校举办国际学术会议和本校师生参加国际学术会议[①]。由于科研课题组成员的国际化和举办学术会议等内容不好统计，所以这里通过国际论文发表的数量来反映高校的科研国际化。国际论文发表既包括本国学者在国际期刊发表的论文，也包括与其他国家学者合作发表的国际期刊论文。

---

① 李盛兵. 高等教育国际化研究[M]. 北京：科学出版社，2019：49.

二、科研国际化的情况

在这一部分，我们通过芬兰和瑞典皇家理工学院的信息来说明北欧高校科研国际化的情况。选择芬兰是因为芬兰有专门的教育统计网站，可以获取相关数据。选择瑞典皇家理工学院是因为该校也有论文发表的校级统计信息，内容十分详细。

(一)芬兰高校国际期刊论文发表情况

从芬兰国家教育统计网站(Vipunen)①的数据库可以获得芬兰高等教育国际论文发表数据。该数据库对普通高校和应用技术高校的数据是分开进行统计的。我们知道芬兰的高等教育分为两种类型：普通高校和应用技术高校。普通高校以学术为主，具有本科、硕士、硕士上学位及博士学位的授予权。硕士上学位是北欧芬兰和瑞典等国家特有的一种学位，处于硕士学位和博士学位之间。应用技术高校以职业教育为主，重视专业技术知识和技能的传授与培养，一般只有本科和硕士学位的授予权。因此，笔者分别对普通高校和应用技术高校的国际学术期刊论文发表情况进行了调研。

通过查询芬兰国家教育统计网站的数据库信息，可以得到芬兰普通高校和应用技术高校的国际期刊学术论文发表情况，具体见表 4.4 和表 4.5。

表 4.4　芬兰普通高校国际期刊学术论文发表情况(2012 年—2022 年)

年份	国际学术期刊论文发表数量	年度总论文发表数量	国际期刊论文发表数量占年度总论文发表数量的比例/%
2012	14212	15375	92.44
2013	15344	16525	92.85
2014	16452	17893	91.95
2015	17445	18974	91.94
2016	17882	19351	92.41
201	17943	19293	93.00
2018	18814	20183	93.22
2019	19501	20881	93.39
2020	19509	21761	89.65

① 具体网址为 https：//vipunen.fi/en-gb/。

续表

年份	国际学术期刊论文发表数量	年度总论文发表数量	国际期刊论文发表数量占年度总论文发表数量的比例/%
2021	21303	23521	90.57
2022	21045	22452	93.73

（数据来源：芬兰教育统计网站 https：//vipunen.fi/）

注：1. 本表格中的国际期刊论文发表数量占年度总期刊论文发表数量的百分比是作者根据芬兰教育统计网站的相关数据计算得出的。

2. 本表中的论文数量指的是国际学术期刊的研究型论文，不包含文献综述等综述类论文。

表 4.5　芬兰应用技术高校国际期刊学术论文发表情况(2012 年—2022 年)

年份	国际学术期刊论文发表数量	年度总论文发表数量	国际期刊论文发表数量占年度总论文发表数量的比例/%
2012	204	258	79.07
2013	109	312	34.94
2014	247	311	79.42
2015	295	366	80.60
2016	247	335	73.73
2017	276	352	78.41
2018	276	338	81.66
2019	349	412	84.71
2020	407	498	81.73
2021	495	591	83.76
2022	479	574	83.45

（数据来源：芬兰教育统计网站 https：//vipunen.fi/）

注：1. 本表格中的国际期刊论文发表数量占年度总期刊论文发表数量的百分比是作者根据芬兰教育统计网站的相关数据计算得出的。

2. 本表中的论文数量指的是国际学术期刊的研究型论文，不包含文献综述等综述类论文。

从表 4.4 和表 4.5 可以看出，在国际期刊学术论文发表方面，芬兰普通高校的数量特别多，近年来接近 2 万，而应用技术高校的数量较少，近年来数量虽然有所增加，但是还没有超过 500 篇。在国际期刊学术论文发表数量占总年度期刊论文发表数量的比例方面，普通高校的总体比例在 90%左右，最高可达 93.73%，应用技术高校的比例近年来最高可达 83.45%。应用技术高校的国际期刊学术论文数量远远少于普通高校，这主要是因为应用技术高校不是科研型高校，而是职业型高校，更加重视对学生职业和工作技能的训练。

总体来看，不管是普通高校，还是应用技术高校，国际期刊学术论文发表的数量占全年学术论文发表的比例都特别高。导致这种现状的原因主要有以下几个方面：首先，芬兰本国的高校数量不多，因此学术性期刊数量也不多，并且本国的期刊有些也是国际性的英语期刊；其次，芬兰国家比较小，只有 500 多万人，芬兰语又属于小语种，主要在芬兰国内使用，所以如果要提升高校研究成果的国际知名度，就必须重视国际期刊的论文发表；再次，国际论文发表是世界大学排名的重要衡量指标之一，因此北欧高校都重视国际期刊论文的发表，这也是很多北欧高校国际化战略的重要内容；最后，芬兰高校的国际化程度比较高，国际师生的比例比较高，国际师生主要将英语作为学术语言，那么就会优先选择国际期刊发表英语论文。因此，芬兰高校科研论文国际发表数量很多这一现状既是高等教育国际化发展在科研方面的表现，是高校主动的选择，也是芬兰根据国情而作出的被动选择。国际期刊论文发表虽然提高了高校科研成果的国际知名度，但是过多的国际期刊论文发表有可能会影响芬兰语的学术语言地位及芬兰国内对科研成果的了解，这也是世界上很多国家的高校在国际化发展中遇到的问题。

国际合作发表论文也是科研国际化的重要方面，芬兰普通高校和应用技术高校师生的国际合作论文发表的具体情况见表 4.6 和表 4.7。

表 4.6　芬兰普通高校国际合作论文发表情况(2012 年—2022 年)

年份	国际合作论文发表数量	年度总论文发表数量	国际合作论文数量占年度总论文发表数量的比例/%
2012	6561	15375	42.67
2013	7584	16525	45.89
2014	8880	17893	49.63
2015	9724	18974	51.25
2016	9045	19351	46.74

续表

年份	国际合作论文发表数量	年度总论文发表数量	国际合作论文数量占年度总论文发表数量的比例/%
2017	10436	19293	54.09
2018	11124	20183	55.12
2019	12187	20881	58.36
2020	12950	21761	59.51
2021	13982	23521	59.44
2022	13298	22452	59.23

（数据来源：芬兰教育统计网站 https：//vipunen.fi/）

注：1. 本表格中的国际合作论文发表数量占年度总期刊论文发表数量的百分比是作者根据芬兰教育统计网站的相关数据计算得出的。

2. 本表中的论文数量指的是国际学术期刊的研究型论文，不包含文献综述等综述类论文。

从表 4.6 可以看出，芬兰普通高校的国际合作论文发表数量很多，占全年总论文发表的比例也很高，近年来这一比例几乎高达 60%。这说明，芬兰普通高校的国际科研合作比较多。

表 4.7　芬兰应用技术高校国际合作论文发表情况(2012 年—2022 年)

年份	国际合作论文发表数量	年度总论文发表数量	国际合作论文数量占年度总论文发表数量的比例/%
2012	79	258	30.62
2013	15	312	4.81
2014	97	311	31.19
2015	96	366	26.23
2016	87	335	25.97
2017	121	352	34.38
2018	116	338	34.32
2019	121	412	29.37
2020	170	498	34.14

续表

年份	国际合作论文发表数量	年度总论文发表数量	国际合作论文数量占年度总论文发表数量的比例/%
2021	214	591	36.21
2022	225	574	39.20

（数据来源：芬兰教育统计网站 https：//vipunen. fi/）

注：1. 本表格中的国际合作论文发表数量占年度总期刊论文发表数量的百分比是作者根据芬兰教育统计网站的相关数据计算得出的。

2. 本表中的论文数量指的是国际学术期刊的研究型论文，不包含文献综述等综述类论文。

从表 4.7 可以看出，芬兰应用技术高校的国际合作论文发表数量不多，占年度总期刊论文发表数量的比例也不高，这可能与应用技术高校的学校性质有关。作为职业类高校，学校主要的职能不是科研，而是教学。在国际化方面，芬兰应用技术高校的国际化程度不如普通高校，所以国际科研合作不多。

（二）瑞典皇家理工学院国际科研合作成果共同发表情况

瑞典皇家理工学院近年来每年都会对学校的科研出版情况进行文献计量学跟踪调查，学校有专门的文献计量数据库 Bibmet。与芬兰国家教育统计网站不同，瑞典皇家理工学院数据库中的国际合作出版并没有区分成果的类型是书籍还是期刊，但是因为书籍出版所需的时间比较长，一般情况下，科研成果主要的呈现方式还是论文发表。虽然无法知道具体的学术期刊论文国际合作发表情况，但是不管是书籍还是期刊论文的国际共同发表，都在一定程度上反映了学校科研的国际合作情况。瑞典皇家理工学院科研成果国际共同发表的具体情况见表 4.8。

表 4.8　瑞典皇家理工学院科研成果国际共同发表情况（2013—2022 年）

年份	国际共同发表的科研成果数量	年度总科研成果发表数量	国际共同发表的科研成果数量占年度总科研成果发表数量的比例/%
2013	1400	2298	60.92
2014	1529	2429	62.95
2015	1772	2638	67.17
2016	1967	2800	70.25

续表

年份	国际共同发表的科研成果数量	年度总科研成果发表数量	国际共同发表的科研成果数量占年度总科研成果发表数量的比例/%
2017	2054	2857	71.89
2018	2068	2893	71.48
2019	2071	2874	72.06
2020	2073	2818	73.56
2021	2129	2981	71.42
2022	1961	2732	71.78

（数据来源：瑞典皇家理工学院网站 https：//www.kth.se/abm/public/）

注：国际共同发表的科研成果数量占年度总科研成果发表数量的百分比是作者根据相关数据计算得出的。瑞典皇家理工学院网站也有这些数据，但是只保留到小数点后一位，为了与之前芬兰的数据精确程度保持一致，作者重新进行了计算，结果保留到小数点后两位。

从表 4.8 可以看出，瑞典皇家理工学院的科研项目国际合作比较多，近年来，每年大约有 70%的科研成果发表都是国际共同发表，因此，该校的科研国际化程度很高。

根据瑞典皇家理工学院的文献计量数据库 Bibmet 提供的信息，该校科研成果国际共同发表的合作国家特别多，主要有美国、中国、德国、英国、意大利、西班牙、荷兰、瑞士和日本等国。这说明该校不仅重视与欧美国家的科研合作，还重视与亚洲的中国和日本进行科研合作。该校与中国的科研成果国际共同发表的数量特别多，仅次于美国。这说明中国是该校科研国际合作的主要国家之一，也是亚洲国家中与该校科研合作最多的国家。

第五章　师生结构国际化

在高校的国际化发展过程中，师生结构必须具有国际化特点。师生结构的国际化主要表现为外籍师生的人数及所占比例。此外，师生的国际流动也会引起师生结构的改变。师生结构的国际化属于高等教育国际化中在地国际化的内容（师生出国交换和访学除外），这里主要指留学生和外籍教师的人数及所占比例。也有学者把出国交换的学生、留学和访学归国的教师人数计入师生结构的国际化观测点中①。但是，由于这些数据不易获取，所以作者把这些内容放在师生的国际流动中，通过国际流动的项目和国家宏观层面的数据进行探讨。本章主要从教师结构国际化、学生结构国际化及师生的国际流动三个方面来探讨北欧高等教育国际化中的师生结构国际化。

第一节　教师结构国际化

教师结构国际化指的是高校教师队伍的国际化，主要表现为外籍员工的人数和比例。教师结构的国际化是高等教育国际化的一个方面。在北欧高校，外籍教师是高校教师队伍的重要组成部分。由于各国相关信息可获取的情况不同，本书以瑞典和挪威为例进行说明。

一、瑞典

瑞典高校的员工分为教学科研岗位人员和非教学科研岗位人员，其中教学科研岗位人员是学校员工的主体。根据瑞典高等教育署 2022 年发布的年度高等教育报告②，2021 年，瑞典高等教育机构总共有 54420 名员工，其中 60％的员工为教学科研岗位人员，其余 40％的员工为非教学科研岗位人员。

---

① 李盛兵．高等教育国际化研究［M］．北京：科学出版社，2019：50.

② Swedish Higher Education Authority. An overview of Swedish higher education and research 2022[EB/OL]. [2023 - 8 - 3]. https://publikationer.uka.se/site/books/e/10.53340/UKAP-6/.

2021 年，瑞典高等教育机构总共有 5000 名外籍研究人员，占全部研究人员人数的 18%。在 2012 年，瑞典高等教育机构的国际研究人员为 1700 人，占所有研究人员的比例为 15%。在性别比例上，在 2021 年的 5000 名国际研究人员中，40%的研究人员是女性，60%的研究人员为男性。在 2012 年，女性研究人员所占的比例为 36%。总体来看，瑞典的国际研究人员还是比较多的，并且在性别比例上，男性与女性所占比例差异不是很大，具体信息见表 5.1。

表 5.1 瑞典高校的外籍教师和研究人员情况

年份	人数	所占比例/%	女性人数	所占比例/%	男性人数	所占比例/%
2012	1700	15	612	36	1088	64
2021	5000	18	2000	40	3000	60

（资料来源：瑞典高等教育署网站 https：//www. uka. se/）

二、挪威

挪威国家统计局（Statistics Norway）对高等教育机构的研究人员进行了统计。挪威统计局把研究人员分成三类，分别是移民、挪威出生但是父母是移民的人员和其余人员。移民指的是一代移民，挪威出生但是父母是移民的人员指的是二代移民，其余人员指的是移民群体之外的人员，主要是挪威本地人，具体情况见表 5.2。

表 5.2 挪威高等教育研究人员信息表

年份	研究人员总数	移民人数	挪威出生但是父母是移民的人员数量	其余人员数量
2007	17494	3356	不详	14138
2010	18574	4352	不详	14222
2014	20078	5382	不详	14696
2018	23915	7559	不详	16356
2021	26046	9146	145	16755

（资料来源：挪威国家统计局网站 https：//www. ssb. no/）

因为挪威出生但是父母是移民的人员数据不多且数据缺失较多，而且这个群体的国籍信息未知，所以我们选择移民群体作为观测点，分析挪威高等教育机构国际员工的情况。

表 5.3 挪威高等教育机构国际研究人员情况

年份	研究人员总数	移民人数	移民所占比例/%
2007	17494	3356	19.18
2010	18574	4352	23.43
2014	20078	5382	26.81
2018	23915	7559	31.60
2021	26046	9146	35.11

（资料来源：挪威国家统计局网站 https：//www.ssb.no/）

注：此表中的挪威教育机构的国际研究人员所占比例是笔者根据挪威统计局的信息计算得出的。

从表 5.3 可以看出，2007 年至 2021 年，挪威高等教育国际研究人员的比例逐年增加，挪威高等教育研究人员的国际化程度较高。

第二节　学生结构国际化

学生结构国际化主要从留学生人数占在校学生人数的比例、留学生生源国和专业分布等方面进行观测和评价。通过搜集北欧各国国家统计局、高等教育机构的报告及主要高校的统计数据，本书对北欧高等教育学生结构的国际化进行了分析和评价。

一、留学生人数占在校生人数的比例

在高等教育的国际化发展中，留学生人数是一个重要的国际化评价指标。留学生人数占在校生人数的比例可以反映一国高等教育机构的学生群体的国际化程度。因为北欧各国统计局及教育部门的数据统计方法和公开数据的数量不同，所以无法获得每一个国家的详细数据。芬兰和冰岛的统计数据较详细。因此，本书以芬兰和冰岛为例进行说明。

(一)芬兰

根据芬兰国家教育署(Finnish National Agency for Education)的统计数据，2010 年至 2020 年，芬兰高校中的国际学生人数占总学生人数的比例如表 5.4 所示。

表 5.4 芬兰高校中的国际学生比例(2010—2020 年)

年份	国际学生人数	国际学生占总学生人数的比例/%	国际新生人数(一年级)	国际新生占总新生人数的比例/%
2010	15708	5.1	4320	7.2
2011	17637	5.7	4992	8.4
2012	19137	6.2	5256	8.5
2013	19887	6.5	4863	7.9
2014	20256	6.7	5004	7.9
2015	20352	6.8	5076	8.1
2016	21102	7.1	5607	9.0
2017	20361	6.9	4215	6.9
2018	20238	6.8	4764	7.5
2019	19881	6.7	4830	7.4
2020	20868	6.8	5838	7.8

(资料来源：芬兰国家教育署网站 https：//www.oph.fi/en)

注：国际新生人数(一年级)指的是本科和硕士阶段，不包含博士阶段。

从表 5.4 可以看出，2010 年至 2020 年，芬兰高等教育中的国际学生总数占总学生人数的比例基本保持在 7%左右。在本科一年级和硕士一年级的新生中，国际学生占新生总人数的比例大于 7%。对于国际化的高校来说，留学生的基本比例区间为 3%～10%①。总体来看，国际学生的比例相对比较稳定。国际学生总人数在 2010 年至 2016 年持续增长，之后虽然有下降，但基本保持在 2 万人左右。在本科和硕士阶段，每年的国际新生人数基本在 5 千人左右。

(二)冰岛

冰岛国家统计局(Statistics Iceland)对冰岛高等教育 1997 年到 2017 年的入学总人数和外国学生人数进行了统计。根据冰岛国家统计局的数据，笔者计算出留学生占在校生人数的比例，具体信息如表 5.5 所示。

① 李盛兵. 高等教育国际化研究[M]. 北京：科学出版社，2019：47.

表 5.5 冰岛高校中的国际学生比例(1997—2017 年)

年份	总招生人数	国际学生人数	国际学生占总招生人数的比例/%
1997	1979	101	5.1
1998	2181	105	4.8
1999	2832	274	9.7
2000	2703	266	9.8
2001	3067	291	9.5
2002	3589	361	10.1
2003	3576	384	10.7
2004	3292	380	11.5
2005	3268	458	14.0
2006	3130	509	16.3
2007	3379	518	15.3
2008	3667	604	16.5
2009	4375	681	15.6
2010	3875	739	19.1
2011	3790	681	18.0
2012	4083	761	18.6
2013	4077	784	19.2
2014	3708	797	21.5
2015	3431	599	17.5
2016	3546	756	21.3
2017	3538	666	18.8

(资料来源：冰岛国家统计局网站 https：//www.statice.is/)

注：总招生人数和国际学生人数包括本科、硕士和博士阶段的人数。

从表 5.5 可以看出，冰岛的高等教育招生规模比较小，近年每年招生总人数只有 3500 人左右，但是国际学生所占的比例比较高，从 2010 年开始基本保持在 18%以上，这有可能是因为冰岛统计局的数据包含了博士阶段人数，所以比例较高。因为北欧国家高校在本科阶段的授课语言是本国语言，所以国际学生基本集中在硕士和博士阶段。

二、留学生生源地分布

因为北欧各国的统计方法和公开数据的内容不同，所以很难找到所有北欧国家留学生生源地的信息。本书只探讨那些能找到公开数据的北欧国家的情况。

(一)瑞典高校

瑞典高等教育署每年都会发布高等教育年度报告。目前，最新的报告是2022年发布的，报告中的数据是2020—2021学年的数据。根据该报告的数据，瑞典高校的十大留学生生源国信息见表5.6①。

表5.6 瑞典高校十大留学生生源国

序号	生源国(2019—2020学年)	生源国(2020—2021学年)
1	印度	印度
2	中国	中国
3	德国	德国
4	芬兰	芬兰
5	巴基斯坦	巴基斯坦
6	意大利	意大利
7	西班牙	西班牙
8	法国	荷兰
9	英国	英国
10	荷兰	法国

(资料来源：瑞典高等教育署网站 https：//www.uka.se/)

从表5.6可以看出，瑞典留学生主要的生源地是欧洲和亚洲。亚洲的印度和中国是瑞典高校国际生的主要来源国。欧洲学生数量多的原因是他们具有地理优势。亚洲学生数量多，一方面是因为中国和印度的人口数量多，另一方面是因为瑞典高校的国际化战略重视欧洲之外的地区，尤其是亚洲国家。

(二)芬兰高校

与瑞典类似，芬兰高校的国际生生源地主要是欧洲和亚洲。根据芬兰国

① Swedish Higher Education Authority. An overview of Swedish higher education and research 2022[EB/OL]. [2023-10-3]. https：//publikationer.uka.se/site/books/e/10.53340/UKAP-6/.

家教育署的统计①，芬兰高校国际学生的生源地具体信息见表 5.7。

表 5.7 芬兰高校国际学生生源地及人数(2020 年)

来源	国际学生人数			国际新生人数(一年级)		
	应用技术高校+普通高校	应用技术高校	普通高校	应用技术高校+普通高校	应用技术高校	普通高校
欧洲	7791	3768	4023	2025	1251	774
欧盟/欧洲经济区	5595	2496	3099	1431	846	585
非欧盟/欧洲经济区	2196	1272	921	594	405	189
美洲	1221	396	825	291	111	180
非洲	2013	1116	897	744	510	234
亚洲	9696	4140	5556	2736	1359	1377
大洋洲	84	30	54	21	9	12
未知	66	33	30	21	12	9
总数	20868	9483	11382	5838	3252	2586

(资料来源：芬兰国家教育署网站 https：//www. oph. fi/en)

注：此表中的统计人数只有本科和硕士，不包括博士。

从表 5.7 可以看出，在芬兰高校中，来自亚洲的国际学生人数和亚洲国际新生人数(本科和硕士)均位列第一，亚洲是芬兰高校的第一大国际学生生源地。此外，不管是在芬兰的普通高校，还是在应用技术高校，人数最多的国际生都是亚洲学生。这说明，亚洲学生在选择芬兰留学时(本科和硕士)，在技术型高校和学术型高校之间，没有特别的偏爱。除了欧洲和亚洲之外，非洲是芬兰的第三大国际生源地。

① Finnish National Agency for Education. International full degree students in Finnish higher education institutions (universities and universities of applied sciences UAS) by continent of nationality 2020 [EB/OL]. [2023 - 10 - 3]. https：//www. oph. fi/sites/default/files/documents/International%20full%20degree%20students%20by%20continent%202020. pdf.

笔者根据芬兰国家教育署的数据①，整理出了芬兰高校国际学生人数排名前20的生源国名单，具体信息见表5.8。

表5.8 芬兰高等教育机构(普通高校和应用技术高校)的国际生主要来源国(2016年和2020年)

序号	生源国(2016年)	学生人数	生源国(2020年)	学生人数
1	俄罗斯	2970	越南	2016
2	越南	2544	中国	1998
3	中国	1788	俄罗斯	1827
4	尼泊尔	1167	印度	981
5	印度	780	孟加拉国	891
6	巴基斯坦	711	尼泊尔	804
7	爱沙尼亚	696	德国	762
8	伊朗	624	巴基斯坦	738
9	孟加拉国	621	爱沙尼亚	735
10	德国	621	伊朗	612
11	尼日利亚	570	尼日利亚	555
12	美国	459	瑞典	507
13	瑞典	429	意大利	447
14	英国	348	美国	447
15	加纳	339	西班牙	438
16	意大利	327	法国	378
17	西班牙	324	英国	342
18	肯尼亚	297	加纳	252
19	法国	267	土耳其	225
20	喀麦隆	249	波兰	213

(资料来源：芬兰国家教育署网站 https：//www.oph.fi/en)

① Finnish National Agency for Education. Most common nationalities of international full degree students in Finnish higher education institutions (universities and universities of applied sciences UAS)2016 and 2020 [EB/OL]. [2023-10-23]. https：//www.oph.fi/sites/default/files/documents/Most%20common%20nationalities%20in%202016%20and%202020.pdf.

从表 5.8 可以看出，越南、中国等国家是芬兰高校国际生的主要生源国，也是人数较多的亚洲生源国。在欧洲国家中，俄罗斯是最大的生源国。尼日利亚是芬兰高校最大的非洲生源国。美国是芬兰高校最大的美洲生源国。

(三)挪威高校

与瑞典类似，挪威高校的国际留学生生源地主要是欧洲和亚洲。挪威高校留学生生源地的历年学生人数见表 5.9。

表 5.9　挪威高校国际学生生源地及人数(2018—2021 年)

生源地	年份及人数			
	2018 年	2019 年	2020 年	2021 年
欧洲	5620	5502	5198	5351
亚洲	4352	4868	5136	5078
美洲	1099	1152	1157	1141
非洲	1062	1044	1040	1052
大洋洲	60	64	67	78
学生总数	12193	12630	12598	12700

(资料来源：挪威国家统计局网站 https：//www.ssb.no/)

从表 5.9 可以看出，挪威的国际学生主要来自欧洲、亚洲、美洲和非洲。其中，美洲和非洲的国际学生人数基本相当。从 2018 年到 2021 年，亚洲学生人数总体上是持续增长的，2021 年的人数比 2018 年的人数增加了 700 多人。来自亚洲的学生人数仅在 2021 年出现了少许回落，这可能是因为新冠疫情的影响，学生的跨国流动性降低。来自其他大洲的国际学生人数比较稳定。

在具体的国际学生生源国方面，这里以 2018 年和 2021 年数据为例进行说明，详细信息见表 5.10。

表 5.10　挪威高校十大生源国(2018 年和 2021 年)

序号	生源国(2018 年)	学生人数	生源国(2021 年)	学生人数
1	中国	891	中国	844
2	瑞典	758	伊朗	793
3	德国	652	德国	724
4	丹麦	530	瑞典	678
5	尼泊尔	507	丹麦	666

续表

序号	生源国(2018 年)	学生人数	生源国(2021 年)	学生人数
6	美国	427	巴基斯坦	612
7	巴基斯坦	392	印度	519
8	伊朗	371	美国	445
9	俄罗斯	365	尼泊尔	435
10	芬兰	279	孟加拉国	391

(资料来源:挪威国家统计局网站 https://www.ssb.no/)

从表 5.10 可以看出,在 2018 年和 2021 年,中国都是挪威高校最大的国际生来源国,学生人数为 800 多人。2021 年,中国留学生人数出现了少许回落,这可能是和新冠疫情有关。亚洲国家中,除了中国,还有伊朗、巴基斯坦、印度和尼泊尔等国。北欧国家和德国、俄罗斯是挪威高校主要的欧洲生源国。除了亚洲和欧洲,来自其他大洲的国际学生人数不多。

总体来看,北欧国家的国际生源地分布比较广泛,这说明北欧国家的高等教育国际化发展是面向全球教育市场的。欧洲和亚洲是最主要的国际生源地。中国和印度是北欧高校主要的亚洲生源国。不同北欧国家的国际生源地有少许不同。比如,俄罗斯是芬兰高校的欧洲国际生主要来源国。这可能是和芬兰的地理位置有关,也可能和高校的国际化发展战略有关。

三、留学生专业分布

关于留学生的专业分布,由于受可获取的公开数据限制,本书以芬兰高校和冰岛高校为例进行说明。

(一)芬兰高校

根据芬兰国家教育署的数据,这里分别对芬兰普通高校和应用技术高校的情况进行说明。芬兰的普通高校和应用技术高校在学科设置上类似,但是培养目标不太一样,普通高校更重视学术,而应用技术高校更强调技能培养。

1. 普通高校

国际学生在芬兰普通高校中的专业分布情况如表 5.11 所示①。

---

① Finnish National Agency for Education. International full degree students in Finnish universities by field of education [EB/OL]. [2023-10-3]. https://www.oph.fi/sites/default/files/documents/International% 20full% 20degree% 20students% 20by% 20field%20of%20education%202020.pdf.

表 5.11 国际学生在芬兰普通高校中的专业分布(2020 年)

专业	国际学生人数	国际学生占总学生人数的比例/%	国际新生人数(一年级)	国际新生占所有新生的比例/%
教育	528	3.5	144	4.4
人文艺术	1557	6.2	318	8.5
社会科学	813	4.1	174	5.1
商业、管理和法律	1152	5.0	303	6.5
自然科学	1401	9.3	324	12.9
信息通信技术	2532	15.6	642	20.7
工程	2448	10.4	582	12.8
农业和林业	258	8.4	42	9.5
医疗保健和福利	633	4.8	45	2.3
服务	57	2.9	9	1.8

(资料来源：芬兰国家教育署网站 https://www.oph.fi/en)

注：国际学生指的是攻读本科和硕士的学位生(international full degree students)。一年级新生指的是本科和硕士一年级学生。

从表 5.11 可以看出，国际学生所学的专业主要是信息通信技术、自然科学和工程类等理工科专业，其次是人文艺术、商业管理等。这可能是因为理工科是对客观世界的研究，所以具有一定的普遍性，而人文社科则涉及具体的国情和文化传统，因此在内容上具有国别和区域文化特色。

2. 应用技术高校

国际学生在芬兰应用技术高校的专业分布情况如表 5.12 所示①。

① Finnish National Agency for Education. International full degree students in Finnish universities of applied sciences by field of education [EB/OL]. [2023-10-3]. https://www.oph.fi/sites/default/files/documents/International%20full%20degree%20students%20by%20field%20of%20education%202020.pdf.

表 5.12 国际学生在芬兰应用技术高校的专业分布(2020 年)

专业	国际学生人数	国际学生占总学生人数的比例/%	国际新生人数(一年级)	国际新生占所有新生的比例/%
教育	36	2.6	1～4	0.3～1.1
人文艺术	285	3.6	96	4.4
商业、管理和法律	3360	10.7	1077	11.1
自然科学	21	6.9	12	11.8
信息通信技术	1905	12.3	693	14.3
工程	1614	4.7	540	5.2
农业和林业	9	0.3	6	0.5
医疗保健和福利	1449	3.3	537	3.7
服务	801	7.7	288	9.2

(资料来源：芬兰国家教育署网站 https：//www.oph.fi/en)

注：国际学生指的是攻读本科和硕士的学位生(international full degree students)。一年级新生指的是本科和硕士一年级学生。

从表 5.12 可以看出，在芬兰的应用技术高校，国际学生主要分布在商业和管理、信息通信技术、工程等专业领域。与普通高校不同的是，服务业的国际学生人数较多，这有可能是因为应用技术高校的教学更具有职业倾向并注重实际技能的培养，就业前景比较好。

(二)冰岛高校

在冰岛国家统计局网站可以查到国际生的专业统计数据，但最新的数据只更新到 2017 年。因此，这里以 2017 年的数据进行说明，具体信息见表 5.13。

表 5.13 冰岛高等教育机构招收的国际学生专业分布(2017 年)

专业	人数	各专业人数的比例/%
教师培训和教育科学	19	2.90
艺术	32	4.80
人文学科	253	37.99
社会和行为科学	53	7.96
新闻业和信息	1	0.15
商业和管理	73	10.96

续表

专业	人数	各专业人数的比例/%
法律	25	3.75
生命科学	54	8.10
物理科学	47	7.06
数学和统计	1	0.15
计算机技术	18	2.70
工程和工程贸易	60	9.00
制造业	8	1.20
建筑业	4	0.60
农业、林业和渔业	6	0.90
健康	10	1.50
个人服务业	2	0.30

（资料来源：冰岛国家统计局网站 https：//www. statice. is/）

从表 5.13 可以看出，冰岛高校的国际生人数较少。在专业分布上，国际学生主要分布在人文学科与商业和管理专业。理工科专业主要集中于工程和工程贸易、生命科学及物理科学专业。在国际学生专业分布上，冰岛高校与芬兰高校不同。这可能是和冰岛高校数量少和学科实力差异有关。

从以上两个国家的情况可以看出，总体上国际学生的专业分布比较广，涉及理工类和人文社科类。在某种程度上，这说明北欧高校很多专业的学生结构具有国际化特点。此外，国际学生在不同北欧国家高校就读的专业不同。在芬兰，学习理工科的国际学生人数比较多，而在冰岛，选择人文学科的国际学生比较多。这可能与国家的具体国情有关。

第三节　师生的国际流动

师生的国际流动是高等教育国际化的重要内容。20 世纪 90 年代，高等教育的国际化主要表现为师生的国际流动。北欧国家高校主要通过参与北欧、欧盟及其他国家合作高校的合作项目，促进师生的国际流动。师生流动有广义和狭义之分。狭义上的师生流动只包括师生流出，即一所高校的师生去所在高校的国家之外的高校访学和学习。广义上的师生流动既包括师生流出也包括师生流入。在流动方式上，流动有实际流动和虚拟流动。实际流动指的是真实情境中的流动，而虚拟流动指的是在虚拟网络空间中的流动，如网络课程。实际流动是人员流动的主要方式，但是，进入21世纪之后，虚拟流动也成为师生流动的主要方式之一。这种流动主要依赖互联网技术。由于缺乏虚拟流动数据，本书只关注师生的实际流动，即真实情景下的国际流动。此外，本书主要分析师生因交换学习而产生的流动，不包含学位流动，即因为出国攻读学位而产生的流动。

一、师生国际流动的项目

北欧高校师生流动项目主要有北欧国家之间的师生流动项目（北欧部长理事会的Nordplus项目和建立合作伙伴关系的北欧高校之间的流动项目）、北极理事会的北极项目、欧盟的高校师生流动项目（如伊拉斯谟＋项目）及北欧国家高校与欧洲之外的国家高校之间的师生流动项目。

（一）北欧项目

北欧高校之间的流动项目主要是北欧部长理事会的Nordplus项目，还有建立合作伙伴关系的北欧高校之间的流动项目。

Nordplus项目中有专门的Nordplus高等教育项目（Nordplus Higher Education Programme）。这个项目主要是为了促进北欧国家高校之间的师生流动。2008年之后，北欧部长理事会邀请波罗的海国家参与该项目。目前，该项目的流动范围为北欧和波罗的海国家。学生的流动指本科生和研究生的流动。此外，学生应为攻读学位的学生。这是因为北欧高校的教育制度特别灵活，学生可以注册为学位生，也可以只选择独立的课程（freestanding course）进行学习。此外，高校是北欧国家重要的继续教育机构，服务于整个国家的教育事业。因此，学生中有很多人都是有工作的人。这些人并不都是为了取得学位而学习。博士生不能参与学生流动，这是因为北欧国家高校实行的是岗位制博士制度，即博士生是学校的工作人员，而不是学生。只要是参与项目的北欧高校和波罗的海国家的高校学生，不管拥有哪国国籍，都可以参与该流动项目。流动分为长期流动、短期流动及快速流动（express mobility）：长期流动指3～12个月的流动；短期流动指1～2个月的流动；快速流动指1个月以内的流动，最少时长应为5个工作日。学生流动的时间和学分被看作是整个学位项目内的时间和学分。

教师流动指学术型员工的交换项目。教师可以去其他国家的机构从事教学、指导及开发教学材料等工作。交换的时间最短为8个工作日/教学时间。交换结束后，教师需要提交一份交换报告。

此外，Nordplus 高等教育项目还包含集中课程(intensive courses)和联合学习项目(joint study programmes)，这些项目也会促进师生流动。集中课程一般持续 1 周或 1 个月，教学既可以在学期内进行，也可以在暑假进行，形式多样化，包括短期课程、论坛及工作坊等。联合学习项目强调参与院校在项目的开发、学习内容的商定及学位颁发等方面进行合作。联合学习项目的实施必然包含师生流动。

北欧高校之间的合作指北欧高校在北欧部长理事会项目之外的合作。有些北欧高校之间建立了合作伙伴关系。在合作项目实施的过程中，两校之间研究人员必然有流动。比如，赫尔辛基大学与斯德哥尔摩大学于 2014 年建立战略合作伙伴关系，双方有关研究人员在海岸气候和北极研究领域进行合作，合作必然引起人员的流动。

(二)北极项目

北极理事会在 2001 年 6 月 12 日成立了北极大学联盟。该联盟主要由来自环北极国家的高等教育及研究机构组成。除北欧五国外，参加该联盟的国家有美国、加拿大、俄罗斯和中国。中国参加该联盟的高校有大连海事大学、复旦大学、哈尔滨工业大学、哈尔滨工程大学、吉林大学、中国海洋大学、武汉大学等。此外，中国气象科学研究院、中国环境科学研究院和中国极地研究所等研究机构也加入了该联盟。该联盟成员可以共享资源、设施和专业知识。北极大学联盟有一个促进人员流动的项目，即 north2north 项目。该项目为参加院校的学生提供资金支持，学生可以在北极附近地区和国家学习、实习或从事教学和研究等活动。目前，该项目只支持本科生和研究生，流动时间以学期为单位，最长不能超过 1 个学年，流动方式包含实际流动和虚拟流动。通过流动，学生可以了解北极地区的环境及原住民的文化特点，也可以了解其他高校的科研情况和学术氛围。对于联盟内一些地处偏远的高校的学生来说，他们可以了解并感受那些基础设施较好、教学科研水平较高的高校的教学和科研工作，提升自己的专业能力。该项目主要通过共享教育知识和学生流动，加强学生对北极相关知识的掌握，增强学生的研究能力，从而创建一个有关北极研究的教育社区。

(三)欧盟项目

北欧高校参与的欧盟项目目前主要是“伊拉斯谟＋”计划。1987 年，欧共体启动了“伊拉斯谟”计划。该计划是一个促进成员国之间高校学生交换的项目。2003年，欧盟提出“伊拉斯谟世界”计划，并于2004年正式实施，主要面向硕士和博士教育层次，是欧洲与欧洲之外地区高等教育合作交流的项目。通过建立联合硕士项目或合作联盟(consortium)，参与项目的欧盟高校与非欧盟高校在质量保证、学分互认和人员流动等方面开展合作。通过欧盟的奖学金资助，来自欧盟或欧盟之外的学生可以在欧洲高校学习。2014年，欧盟创建了面向全球的“伊拉斯谟＋”计划。该计划涵盖欧盟教育、培训、青年和体育方面的所有跨境交换项目，目的是提高欧洲教育质量和全球吸引力。其中，高等教育流动项目是为了创建一个面向全球的欧洲教育区并加强教育与研究之间的联系。2015年，欧盟设立了“伊拉斯谟＋”的全球流动项目，即“伊拉斯谟＋国际学分流动计划”(Erasmus＋ International Credit Mobility，E＋ICM)。该项目主要是为了加强欧盟与周边国家的合作，吸引欧盟之外的学生来欧洲学习，并促进合作双方的教师交换。

目前，北欧的瑞典、丹麦和芬兰是欧盟成员国，可以参与“伊拉斯谟＋”计划。挪威和冰岛虽然不是欧盟国家，但是属于与该计划有关的第三国(third countries associated to the programme)，也可以参与该计划。因此，所有北欧国家都参与了该计划。北欧高校的师生可以通过该计划去其他参与国家交换学习。交换时间一般是3～12个月。该项目对高校学生的学科领域及学习层次没有任何限制。流动方式既包括真实的流动，也包括真实流动和虚拟流动相结合的混合流动(blended mobility)。学生既可以选择去合作院校学习，也可以去企业和研究机构等单位实习。除了学生流动外，该计划还包括教师和行政人员的流动。该计划鼓励高校员工去海外参加与职业发展有关的活动。此外，该计划还邀请企业员工去高校从事教学或培训工作。该计划认为学生在流动中可以感受不同的教学和科研方法并获得实际工作经验。由于是跨国流动，所以学生的语言技能和跨文化交际能力也可以得到提升。对于教师来说，他们可以与合作院校的教师探讨教学和科研方面的问题，促进不同高校教师之间的合作。对于行政员工来说，他们可以学习其他高校优秀的管理方法，提升自己的行政管理能力。北欧高校积极参与“伊拉斯谟＋”计划。以芬兰赫尔辛基大学为例，该校目前有300多所“伊拉斯谟伙伴高校”(Erasmus Partner Universities)。每年赫尔辛基大学派出350多名学生去其他高校交换，并同时接收800多名交换学生。该校每年还派出40多位教师和行政人员去其他高校访学。

(四)合作院校项目

合作院校项目指北欧国家高校与欧洲之外国家高校建立的双边合作项目。

其中，师生流动是合作项目的重要内容。由于没有国家层面的统计数据，本书还是以一些北欧高校为例进行说明。这些高校基本都是该国较大、学科门类较多或者国际化程度很高的大学，因此这些高校具有一定的代表性，可以反映所在国家高校在双边合作项目上的情况。

1. 芬兰赫尔辛基大学

芬兰的赫尔辛基大学与欧洲之外超过 120 所高校建立了双边合作关系，与 60 所合作高校有学生、教师及研究人员的交换。交换的时间长度为 1 学期或 1 学年。在亚洲，该校与中国、印度、日本、韩国、新加坡和泰国等国高校建立了双边合作关系。合作关系既有学校层面的，也有院系层面的。在中国，该校的合作院校有 13 所，具体名单见表 5.14①。

表 5.14 赫尔辛基大学在中国的双边合作院校名单

序号	学校名称	合作层次	交换人员
1	北京外国语大学	院系	学生、教师和研究人员(文学院)
2	北京林业大学	院系	学生、教师和研究人员(农业和林业学院)
3	中国政法大学	院系	学生(法学院)
4	香港中文大学	学校	学生
5	香港城市大学	学校	学生
6	复旦大学	学校	学生、教师和研究人员
		院系	学生(法学院)
7	南京林业大学	院系	学生、教师和研究人员(农业和林业学院)
8	北京大学	学校	学生、教师和研究人员
		院系	学生(法学院)
9	中国人民大学	学校	学生、教师和研究人员
		院系	学生(法学院)
10	上海交通大学	院系	学生(法学院)
11	香港大学	学校	学生
		院系	学生(法学院)

① 本书名单的顺序与赫尔辛基大学英文官方网站的顺序一致，该网站的顺序是按学校名称的英文首字母顺序排列的。具体网址为 https://www.helsinki.fi/en/innovations-and-cooperation/international-cooperation/networks-and-strategic-partnerships/mobility-partners#asia。

续表

序号	学校名称	合作层次	交换人员
12	武汉大学	学校	学生、教师和研究人员
13	浙江农林大学	院系	学生(农业和林业学院)

(资料来源，赫尔辛基大学网站 https：//www.helsinki.fi/en/innovations-and-cooperation/international-cooperation/networks-and-strategic-partnerships/mobility-partners#asia)

从表5.14可以看出，赫尔辛基大学与中国高校建立的双边合作既有学校层面的，也有院系层面的，还有两种层面兼有的合作。合作都涉及人员的流动。其中，学生流动是最主要的人员流动。在院系合作上，主要是法学院之间的合作，这主要是因为赫尔辛基大学是一所综合性高校，其法律专业比较有名。

2. 瑞典皇家理工学院

瑞典皇家理工学院与世界上150多所理工类高校建立了合作关系，学生和教师可以进行交换。目前，该校超过30%的毕业生都有海外交换1学期的经历。每年该校派出交换生700名，并接收1000名交换生。皇家理工学院开设了大量的英语授课课程。此外，该校还给国际学生开设了瑞典语课程。学生在交换期间可以学习瑞典语，了解瑞典文化。

在中国，该校与北京大学、清华大学、复旦大学、上海交通大学、同济大学、浙江大学、香港科技大学等19所高校进行学生交换。该校与中国高校的学生交换种类有非学位和学位两种。在这里，学位交换生项目指双学位项目交换。其余交换项目都被看作非学位项目交换。目前，该校与中国多所高校签署了“3＋2”或“4＋2”本硕联合培养项目协议和双硕士学位项目协议。例如，该校与中国华中科技大学签署了“3＋2”本硕联合培养项目协议。根据协议，华中科技大学的本科生在本校学习3年，然后去瑞典皇家理工学院完成本科第四年的学习。完成学业后，学生可以获得本校的本科毕业证和学士学位证。第5年继续赴瑞典学习，成绩合格者，可以获得瑞典皇家理工学院的硕士学位证。在双硕士学位项目上，该校与中国清华大学有核科学与工程领域双硕士学位项目。本书以该校与清华大学的学生交换为例，具体说明该校与中国高校在学生交换方面的合作。瑞典皇家理工学院每年可以派8名研究生(非中国国籍)去清华大学学习。交换学生可以选择英语授课课程或者中文授课课程。清华大学开设了300个可供国际交换生选修的英文授课课程。选修中文授课的学生需要通过汉语水平考试，达到一定的等级。此外，清华大学还为交换学生开设了中文课，学生可以学习中文。清华大学与瑞典皇家理工学院在电子信息、工程物理及自动化学科有本科生交流项目。2018年，有4名本科生去瑞典交换①。清华大学与瑞典皇家理工学院于2014年8月12日签署了核科学与工程领域双硕士学位项目合作协议，共同培养核能人才。该项目学制为2～3年，学费互免，双方每年分别派出的学生人数不超过10人②。该项目的学生培养采用"双导师制"，一名导师来自清华，另一名导师来自瑞典皇家理工学院。清华大学每年派出的研究生人数为5人左右。在交换期间，这些学生还可以去第三方国家进行一周的实践课程学习③。自2016年双方开始互派学生，截至2021年，两校已有30多名学生参加了该项目④。

3. 丹麦哥本哈根大学

哥本哈根大学很重视学校的国际化发展，认为与其他国家高校进行交流合作对学校的发展至关重要。学生交换是交流合作的重要内容，也是高校国际化的重要途径之一。根据该校的统计，学校每年有2300多名学生出国交换，并同时接收1700多名交换生。

学校采用战略伙伴合作方式，与一些国家高校建立了持久的伙伴关系。除了研究合作，学生和教师交换也是院校合作的重要内容。该校把战略合作伙伴关系分为超级合作伙伴关系（super partnerships）和优先合作伙伴关系（priority partnerships）。超级合作伙伴关系是在全校范围内建立合作伙伴关系，合作院校每年可以进行20人的学生交换。目前，该校的超级合作伙伴院校有悉尼大学、多伦多大学和新加坡国立大学。优先合作伙伴关系涉及研究、教育和行政管理等方面。在这些方面的项目合作可提升双方的知识水平和能力。目前，哥本哈根大学与悉尼大学和爱丁堡大学建立了这种合作伙伴关系。在欧洲之外，该校还与150多所高校签署了双边合作伙伴协议，促进彼此之

---

① 国家留学网. 2018年优秀本科生国际交流项目资助项目一览表[EB/OL]. [2018-01-05]. https://www.csc.edu.cn/article/1057.

② 清华大学. 袁驷会见瑞典皇家工学院副校长雷蒙·维斯，共同签署核学科双硕士项目合作协议[EB/OL]. [2014-08-15]. https://www.tsinghua.edu.cn/info/1178/30356.htm.

③ 清华大学. 清华大学-瑞典皇家工学院双硕士学位项目：拥抱更多可能[EB/OL]. [2022-09-14]. https://mp.weixin.qq.com/s?__biz=MzA5ODcwNTQxMA==&mid=2650889825&idx=2&sn=bbf434113e3315fa74f0140f4dd82ebb&chksm=8b78770cbc0ffe1a8e0e96519db035f325b8dcc1789c886fb4558b1f9cf02a0bc68467fa958e&scene=27.

④ 清华大学. 清华大学-瑞典皇家理工学院核学科双硕士学位项目研讨会召开[EB/OL]. [2021-11-23]. https://www.inet.tsinghua.edu.cn/info/1287/2498.htm.

间的学生交换。该校在亚洲的合作院校所在国家主要有中国、日本、韩国、新加坡和以色列。该校在中国的合作院校有北京大学、清华大学、复旦大学、宁波诺丁汉大学、香港中文大学、香港城市大学、香港大学、香港科技大学、香港浸会大学和台湾大学①。哥本哈根大学与这些学校可以进行学校层面的学生交换。此外，该校与中国复旦大学法学院和经济学院以及中国人民大学法学院有院系层次的学生交换合作。

4. 挪威奥斯陆大学

奥斯陆大学与世界多个地区的高校进行合作。该校优先合作的地区有欧洲、北欧和全球南部(Global South)。优先合作的国家有印度、中国、日本、美国、巴西和南非。每年，奥斯陆大学有超过 1000 名学生出国交换，有 1500 名外国学生来奥斯陆大学学习。目前，该校与世界 500 多所高校签署了 731 项交换协议。其中，与欧洲高校的交换协议有 598 项；与亚洲高校的协议有 51 项；与北美洲高校的协议有 44 项；与大洋洲高校的协议有 20 项；与南美洲高校的协议有 9 项；与非洲高校的协议有 9 项。因此，在欧洲之外，奥斯陆大学与亚洲高校的交换项目最多。目前，该校在中国的合作院校有北京大学、清华大学、复旦大学、浙江大学、南京大学、中国农业大学、武汉大学、中国科学院、中国社会科学院和香港大学等。去中国高校交换的学生主要是奥斯陆大学人文学院东方语言和文化专业的。该学院开展关于中国文化和社会的研究，研究层次涵盖本科到博士阶段。这个专业的学生可以去中国交换 1～2 个学期。目前，这个专业的学生可以去北京语言大学、复旦大学、南京大学及台湾师范大学等高校交换学习，实地感受中国文化和社会。除了中国语言和文化，奥斯陆大学还与中国多所高校在经济、法律、太阳能等专业领域进行人员交换。目前，奥斯陆大学与中国高校签署了多个交换协议，具体信息见表 5.15。

表 5.15 奥斯陆大学与中国高校之间的交换协议

中国合作高校名称	奥斯陆大学合作方（校级/院系）	交换层次
中国语言大学	东方语言和文化研究系	本科
中国政法大学	法学院	专业学习课程

① University of Copenhagen. Global partners. [EB/OL]. [2023 - 10 - 21]. https://international.ku.dk/exchange-partners/global-partners/.

续表

中国合作高校名称	奥斯陆大学合作方（校级/院系）	交换层次
中国人民大学	法学院	专业学习课程
清华大学	奥斯陆大学	本科
南京大学	东方语言和文化系	本科和硕士
北京大学(法学院)	法学院	专业学习课程
华东政法大学	法学院	专业学习课程
复旦大学	人文学院	本科、硕士
复旦大学	法学院	专业学习课程
复旦大学	神学院	本科、硕士和博士
复旦大学	经济学院	硕士
香港恒生大学	语言学和斯堪的纳维亚研究系	本科和硕士
香港大学	奥斯陆大学	本科
香港城市大学	奥斯陆大学	本科
台湾清华大学	东方语言和文化研究系	硕士
台湾艺术大学	人文学院	本科和硕士
台湾政治大学	东方语言和文化研究系	硕士
台北大学	犯罪学和法律社会学	本科和硕士
台湾师范大学	东方语言和文化研究系	硕士
台湾大学	人文学院	本科和硕士

（资料来源：奥斯陆大学网站 https：//www. uio. no/english/）

从表 5.15 可以看出，参与交换的中国高校有清华大学、北京大学和复旦大学等知名高校。奥斯陆大学和中国高校之间的合作以本科和硕士为主。与中国高校进行学生交换的奥斯陆大学院系主要是法学院和人文学院。奥斯陆大学法学院有专门的中国项目(China programme)。该项目已经有很多中国合作伙伴院校，形成了一个合作网络。从 1997 年开始，该项目为中国高校法律教师开设了集中培训课程，课程涉及国际人权法、课程发展及教学法等内容。通过该项目，中国学者以访问学者的身份去奥斯陆大学访学。奥斯陆大学人文学院的东方语言和文化系研究中国的语言、文化和社会，所以派学生去中国高校学习相关课程，实地感受中国文化和社会。奥斯陆大学与复旦大学的学生交换比较多，这主要是因为复旦大学有北欧研究中心。该中心成立于 1995 年，是由复旦大学与北欧五国20余所高校共建的学术交流平台，目的是促进双方学者和学生的交流与合作。其中，课程合作和学生学者交换是重要的合作内容①。

除了以上交换协议，奥斯陆大学与中国其他高校之间也有学生交换，如浙江大学。浙江大学和奥斯陆大学之间有校际本科生交换项目，专业不限，学生可以交换1学期，学习相关课程②。此外，浙江大学与奥斯陆大学还有研究生交换合作项目，学生可以交换学习1个学期③。

5. 冰岛大学

冰岛大学与世界上400多所高校建立了合作伙伴关系。该校在我国的合作院校有11所，分别是北京外国语大学、北京师范大学、北京大学、清华大学、华东师范大学、复旦大学、广东外语外贸大学、湖南大学、南京大学、厦门大学和宁波大学④。双方每年可以互派学生到对方院校学习1个学期或1个学年。交换学生一般应为我国高校全日制大二及以上在读本科生或硕士生。以厦门大学为例，在2023—2024学年，冰岛大学与厦门大学的交换生计划是2名学年生或4名学期生⑤。由于冰岛语是个小语种，在冰岛之外会的人不多，所以冰岛大学对交换生开放的课程一般都是英语授课课程。冰岛大学要求交换生的雅思成绩达到6.5分及以上或托福成绩79分及以上，或者具有剑桥英语等其他英语考试的成绩证明。冰岛大学也向交换学生开设了冰岛语课程。如果交换一个学期，那么需要选够冰岛大学30个欧洲学分并且60%的课程需要与所学专业相关。目前，冰岛大学多数专业都对交换生开放，但是目前MBA专业不接受交换生。有些专业对交换生也有一定的限制。比如，法学院和经济学院不招收本科层次的交换生。这些要求适用于所有国家的交换生。

---

① 复旦大学. 复旦大学北欧中心庆祝成立25周年[EB/OL]. [2021-10-21]. https://ogp.fudan.edu.cn/54/7e/c15883a414846/page.htm.

② 浙江大学. 项目一览[EB/OL]. [2023-10-2]. https://ugrs.zju.edu.cn/dwjlfwpt/42971/list.htm.

③ 浙江大学. 浙江大学与挪威奥斯陆大学合作开展Environmental Humanities Project 2022年秋季研究生交换申请通知[EB/OL]. [2021-11-05]. http://sociology.zju.edu.cn/index.php/News/details.html?id=379.

④ 具体信息参见冰岛大学网站，网址为https://english.hi.is/university/partner_universities。

⑤ 具体信息参见厦门大学环境与生态学院网站，网址为https://cee.xmu.edu.cn/info/1002/16494.htm。

二、学生交换情况

对此，本书以丹麦为例进行说明。选择丹麦，是因为丹麦国家统计局(Statistics Denmark)有详细的交换人数统计数据。

1. 流入

2022 年，共有 7130 名外国学生来丹麦交换，其中男性 2775 人，女性 4355 人。交换时间为 0～3 个月的有 622 人，4～6 个月的有 5444 人，7～12 个月的有 1064 人，12 个月以上的有 0 人。因此，学生交换主要以短期交换为主。交换生主要来自欧洲、亚洲、美国及加拿大，其中，北欧国家 627 人，其他欧洲国家 4792 人，美国/加拿大 712 人，拉丁美洲/加勒比海地区 171 人，亚洲 766 人，澳大利亚/新西兰/太平洋岛国 5 人，非洲 57 人。欧洲交换人数最多，主要原因是地理优势和欧洲高等教育区内的流动。欧盟有多个项目促进学生在欧洲高等教育区内的流动，因此欧洲高等教育区内的流动非常普遍。除了欧洲，亚洲是丹麦高校的主要交换生来源地。

我们以来丹麦进行交换的亚洲学生为例，分析一下历年交换生的人数变化情况。

表 5.16　去丹麦交换的亚洲学生人数(2010—2022 年)

年份	2010	2011	2012	2013	2014	2015	2016	2017	2018	2019	2020	2021	2022
人数	535	853	830	1042	1075	965	1032	1136	1232	1310	1237	228	766

(资料来源：丹麦国家统计局网站 https：//www. dst. dk/en/)

从表 5.16 可以看出，从 2010 年到 2019 年，除了个别年份存在波动外，去丹麦交换的亚洲学生人数总体在增加。2020 年的交换人数比 2019 年少，这与新冠疫情爆发有关。2021 年和 2022 年的交换人数比较少，主要还是受疫情影响，国际人员流动减少。

2. 流出

根据丹麦国家统计局的数据，2022 年，丹麦共有 7890 名高校学生出国交换。其中男性 3017 人，女性 4873 人。交换时间为 0～3 个月的有 2535 人，4～6 个月的有 5089 人，7～12 个月的有 266 人，12 个月以上的有 0 人。2022 年，丹麦和其他北欧国家之间交换的人数是 1030 人，与其他欧洲国家交换的人数是 4390 人，美国/加拿大 1109 人，拉丁美洲/加勒比海地区 149 人，亚洲 752 人，澳大利亚/新西兰/太平洋岛国 22 人，非洲 435 人。我们还是以与亚洲国家交换为例，分析丹麦学生去亚洲国家高校交换的情况。

表 5.17　丹麦学生赴亚洲国家交换的人数(2010—2022 年)

年份	2010	2011	2012	2013	2014	2015	2016	2017	2018	2019	2020	2021	2022
人数	820	807	1280	1481	1745	1952	2617	2610	2765	2636	2312	319	752

(资料来源：丹麦国家统计局网站 https：//www.dst.dk/en/)

从表 5.17 可以看出，从 2010 年到 2019 年，丹麦高校赴亚洲国家高校交换学习的人数逐年增加(2011 年、2017 年除外)。从 2020 年到 2022 年，交换人数波动较大，这主要是因为新冠疫情导致人员国际流动受阻。2022 年情况开始好转。

第六章 国际化发展中的管理及政策

在国际化发展进程中，北欧国家从国家到高校层面，实施了多项管理办法与政策，促进高等教育的国际化发展。例如，在国家层面，北欧各国都建立了统一的国际学生招生网站和国家高等教育质量评估机构。在院校层面，国际化被纳入学校的发展战略，学校实施促进师生流动的政策，吸引外籍教师和学生。

第一节 国际化发展战略

北欧高等教育的国际化不仅仅是高等教育机构追求的目标，更是国家层面的发展战略。北欧国家从国家层面和院校层面积极制定高等教育国际化发展战略，所以在某种程度上，北欧高等教育国际化是自上而下进行的。

一、国家层面的国际化发展战略

受地理位置与外向型经济的影响，北欧国家很重视全球合作及北欧国家国际竞争力的提升。国际化在北欧国家发展战略中占有重要的地位。教育是培养国际化人才的重要途径，因此，教育国际化自然而然成为北欧国家国际化发展的重要战略之一。北欧国家在国家层面积极制定教育的国际化发展战略，促进学生的国际流动。在所有北欧国家中，芬兰特别重视从国家层面制定高等教育国际化发展战略。因此，本书以芬兰为例，对其国际化发展战略进行具体说明。

芬兰高等教育国际化的快速发展始于芬兰 1999 年加入博洛尼亚进程并参与“欧洲高等教育区”建设。在这之前，芬兰的教育国际化主要是北欧区域内的教育合作。为了提升芬兰的高等教育国际化水平，为芬兰高等教育国际化发展提供方向，芬兰政府于 2001 年首次提出高等教育国际化发展战略。该战略的目标是：到 2010 年，芬兰在欧洲教育科研中具有重要影响力并成功参与全球科技竞争①。2009 年，芬兰政府出台了《2009—2015 年高等教育国际化战略》。该战略的主要内容是创建国际化的高等教育共同体。在这个共同体内，所有师生员工都可以参与国际性活动。流动时间一般不少于 3 个月，流动方式多样化，包括线下和线上的学习及科研流动。该战略设定的国际人员流动目标是：到 2015 年，在芬兰高校攻读学位的国际学生人数达到 2 万人，占总学生人数的 7%左右；教师和研究者输入 3000 人(综合院校)或 4000 人(理工院校)，输出 4000 人。在输入人数上，理工院校高于综合院校。为了促进师生流动，芬兰教育和文化部启动了“2010—2015 年定期流动资助计划”，每年支出高达 500 万欧元，整个资助计划的总投资高达 3000 万欧元。除了促进师生流动外，提升芬兰高校的国际吸引力、促进理工科研究的国际合作、加强与亚洲、拉丁美洲高校之间的教育合作等也是芬兰高等教育国际化战略的重要内容。2016 年初，芬兰教育和文化部任命了一个领导小组，专门制定芬兰 2017 年到 2025 年的高等教育与研究国际化政策。该领导小组的工作于 2016 年底完成。2017 年 3 月，芬兰教育和文化部公布了该领导小组起草的国际化政策，即芬兰 2017—2025 年高等教育与研究国际政策。该政策的名称是《为世界最好的教育而共同努力，促进高等教育与研究的国际化政策》(*Working Together for the World's Best Education*：*Policies on Promoting Internationality in Higher Education and Research*)。该政策主要包含 7 个方面的内容。一是通过科学革新与前沿研究提升芬兰的国际吸引力。芬兰政府通过启动专项计划，加强并提升芬兰科学与研究的国际形象，支持科研促进经济社会发展。二是通过教育质量的提升，以工作场所为导向，提升芬兰科研创新的国际声誉。三是促进芬兰教育及服务的出口，提升芬兰高等教育和教育服务的国际知名度。四是创建有利于外国人在芬兰工作和学习的环境，通过简化学习和工作流程及提供英语服务等措施，方便外国人来芬兰学习和工作。五是从国际高等教育与研究的讨论中获得启示。六是创建可以代表芬兰高等教育和研究的知识团队网络。七是壮大芬兰教育研究力量。芬兰政府欢迎专家及曾在芬兰高校留学的外籍毕业生及校友加入芬兰高等教育与研究的网络，共同促进芬兰教育研究与发展。2022 年 8 月，芬兰教育和文化部公布了《加强芬兰高等教育和研究国际化的 2035 年愿景》(*Vision for Strengthening the International Dimension of Finnish Higher Education and Research by 2035*)。该愿景是芬兰 2017—2025 年高等教育与研究国际化政策

① 王俊. 芬兰高等教育国际化新战略探析[J]. 河南师范大学学报(哲学社会科学版)，2010，37(06)：256-259.

的补充，主要是为了指导高等教育机构及其相关机构向着愿景努力。这一愿景强调芬兰的竞争力、国际人才的吸引、合作及可持续发展。

目前，芬兰教育和文化部公布的最新高等教育研究政策是《2030 年高等教育与研究愿景》(*Vision for Higher Education and Research in 2030*)。该愿景是在芬兰教育和文化部与高等教育机构及其他利益相关者的共同合作下完成的，旨在通过制定芬兰高等教育的未来发展方案，为芬兰高等教育发展提供方向指引，促使芬兰建立一个高质量、高效率和具有国际竞争力的高等教育体系。2017 年 10 月，芬兰教育和文化部公布了《芬兰建议：芬兰 100＋》(*Proposal for Finland*：*Finland 100*＋)。该建议包含以下内容：50％的年轻人具有高等教育学位；4％的国民收入分配给研究和发展；建立具有国际吸引力的知识集群(knowledge cluster)；建立灵活个性化的学习路径和学位体系，促进终身学习；创建世界最好的学习和研究环境；通过国际合作提升芬兰高等教育机构的质量和吸引力；创建具有国际吸引力的研究及创新中心。2019 年芬兰教育和文化部公布了《实施 2030 年远景的路线图》，认为芬兰虽然已经有一些具有一定影响力的高等教育机构，但是在全球范围内，芬兰高校的吸引力和竞争力还不足。要改变这种现状，芬兰应该实施一些发展项目，如可持续发展，改革高等教育部门，协调高等教育机构、教育和文化部及其他组织的活动和资源等。实施这些项目可以增加芬兰国民接受高等教育的人数，提升芬兰高等教育的质量，吸引更多国际人才和学生来到芬兰并融入芬兰。

此外，芬兰国际交流中心(Centre for International Mobility，CIMO)也提出了一些促进芬兰高等教育国际化的发展战略。该中心创建于 1991 年，创建的初衷是想把涉及国际交流与合作的不同政府部门集中到同一机构，从而提高工作效率与质量，促进教育和职业领域人员的流动。当时，芬兰就业部门负责国际培训工作；教育部门负责奖学金及住宿；贸易工业部门负责专家的交流、培训及奖学金事项。芬兰国际交流中心的一项重要工作就是负责芬兰与其他国家在高等教育领域的交流与合作，促进学生交换与流动。该中心与各高校的国际办公室联系，构成合作网络，共同促进芬兰高等教育国际化。从 1991 年开始，芬兰参与欧洲的伊拉斯谟计划，芬兰国际交流中心就负责该项目在芬兰的具体开展。芬兰国际交流中心积极与德国和荷兰等国家的类似组织合作，并于 1993 年，共同创办了学术合作协会(Academic Cooperation Association)，促进协会成员之间的学术交流。随着芬兰加入欧盟及其国际化合作的发展，该中心负责芬兰多个对外合作项目，工作内容涉及所有层次的教育交流及文化活动。

在推进芬兰高等教育国际化发展的进程中，该中心也提出了多个促进国际化的战略。2010 年，该中心颁布了《2010 年加强高等教育国际化发展战略》，提出要加强芬兰与北美国家及中国、印度等亚洲国家在高等教育领域的合作，通过奖学金及合作项目，提升芬兰高等教育的国际影响力。在《2011 年加强高等教育国际化发展战略》中，该中心提出教育合作的重点是亚洲国家，应在其他国家开设芬兰语课程，提升芬兰教育影响力。《2013 年加强高等教育国际化发展战略》的重点合作国家是发展中国家，除亚洲国家之外，还包括非洲和拉丁美洲国家①。2017 年开始，该中心不再独立开展工作，而是与芬兰国家教育署合并，共同开展工作。该中心的网站也与芬兰国家教育署的网站合并。在芬兰国家教育署的网站上，笔者没有找到更多关于该中心国际化的最新发展战略。但是从以上文献资料依然可以看出，芬兰的高等教育国际化战略是面向全球的国际化发展战略。

总体来看，芬兰在国家层面特别重视国际化。高等教育的国际化是整个国家发展战略的重要组成部分。这些国家层面的国际化发展战略的制定，为芬兰高等教育的国际化发展指明了方向。基于这些发展战略，各高校结合自身实际情况，制定了符合自身情况的国际化发展战略。芬兰是北欧国家的一个缩影。国际化是北欧国家发展的重要内容，也是北欧高等教育发展的重要方向。

二、院校层面的国际化发展战略

国家层面的国际化发展战略为北欧高校的国际化发展指明了方向。在北欧，高校属于国家的重要部门，高校有责任为国家的发展服务。因此，各高校依据国家发展战略，结合自己实际情况及特点，制定了自身的发展战略。作为高校管理工作的重要内容，发展战略为高校各部门工作的开展指明了方向。在高校的发展战略中，国际化占有重要的地位。本书以 5 个具体高校为例，对北欧国家高校层面的国际化发展战略进行说明。

（一）芬兰赫尔辛基大学的国际化发展战略

自 2000 年开始，芬兰高校经历了很多改革，涉及高校的社会职能、时间管理系统及质量管理系统等方面。2010 年，新的大学条例颁布后，芬兰高校获得了更多的自主权，制定了自身的发展战略。但是由于芬兰高校的重要职能是促进芬兰福利社会的发展，所以芬兰高校的发展战略并不完全是基于院

① 韩扬溪. 高等教育国际化研究[M]. 北京：北京工业大学出版社，2021：101.

校自身的发展，而是为了促进芬兰整个社会的发展，提升芬兰在全球的竞争力。

芬兰学者 Luoma 等人在 2016 年发表的文章“从总体战略框架看芬兰大学的战略选择”中对芬兰高校的发展战略进行了研究①。通过对 13 所芬兰高校发展战略的内容进行分析，作者发现芬兰高校的发展战略涉及的领域有多元化种族及社会成员的价值，国际化，经济及内部过程，合作网络。由此可见，国际化是芬兰高校发展战略的重要内容之一。

为了便于读者深入了解芬兰高校的国际化发展战略，本书以赫尔辛基大学为例，具体分析该校国际化发展战略的内容。选择赫尔辛基大学的主要原因是该校历史悠久，是芬兰世界知名度比较高的综合性大学。赫尔辛基大学最新的发展战略是《2021—2030 年的战略计划》(*Strategic Plan 2021 -2030*)。之前的发展战略在该校官方网站上无法找到，但是，本书可以通过国际合作部分的内容，对之前的国际化发展有所了解。

赫尔辛基大学发展的一个目标就是走出芬兰，与世界各地的合作者一起，凭借高质量的研究、教育及世界合作，共同解决一些全球性问题。国际化是赫尔辛基大学获得全球影响力的关键。在该校官方网站上，国际合作部分的内容分为：国际研究训练合作；网络和战略合作伙伴关系；全球影响力；全球性研究；全球性教育及国际员工交换。在国际研究训练合作部分，赫尔辛基大学指出该校的研究及训练是国际化的，学校在各个层面促进国际研究培训合作。例如，学校为博士研究生提供多样化的国际研究社区，确保研究与世界接轨。在研究训练方面，赫尔辛基大学通过与战略合作伙伴合作，以及启动暑期学校、指导项目(mentoring programs)、联合博士研讨会等方式，促进学生的学术成长。在网络和战略合作伙伴关系部分，赫尔辛基大学通过与国内外的合作伙伴合作，提高自身的全球影响力。该校在全球高校中选择具有相似研究兴趣的高校进行合作，以便创造出更多的研究成果。此外，这也有助于拓展其他领域的合作。目前，该校的战略合作伙伴有 5 所高校，即英国的爱丁堡大学、瑞典的斯德哥尔摩大学、中国的北京大学、肯尼亚的内罗毕大学及比利时的鲁汶大学。其中，与鲁汶大学的合作关系是赫尔辛基大学与芬兰阿尔托大学共同建立的三方合作伙伴关系。这些合作伙伴以欧洲高校为主，但是也有亚洲和非洲的高校。由此可见，该校的国际合作伙伴并不

---

① Luoma M, Risikko T, Erkkilä P. Strategic choices of Finnish universities in the light of general strategy frameworks[J], European journal of higher education, 2016(4): 343 - 355.

局限于欧洲，而是超越欧洲，面向全球。赫尔辛基大学与斯德哥尔摩大学的合作领域主要是海岸气候和北极研究。该校与北京大学于 2015 年成为战略合作伙伴，双方主要在空气质量、比较法律、教学及医学领域合作。该校与爱丁堡大学在人类基因组和林业领域合作。与内罗毕大学的合作领域涉及健康、食品安全和教师教育。与鲁汶大学和阿尔托大学的合作领域是数字人文和可持续性(sustainability)。具体信息见表 6.1。

表 6.1　赫尔辛基大学战略合作伙伴高校

高校名称	合作领域	合作建立时间
斯德哥尔摩大学	海岸气候、北极研究	2014 年
北京大学	空气质量、比较法律、教学、医学/肿瘤	2015 年
爱丁堡大学	人类基因组、林业	2019 年
内罗毕大学	健康、食品安全、教师教育	2021 年
鲁汶大学	数字人文、可持续性	2022 年

(资料来源：赫尔辛基大学网站 https：//www. helsinki. fi/en/)

赫尔辛基大学还通过欧盟的伊拉斯谟计划、北欧的 Nordplus 计划、双边协定等计划促进师生的国际流动。目前，该校与非洲、美洲、亚洲、欧洲、中东、大洋洲等地 100 余所高校建立了流动伙伴(mobility partner)关系，促进师生流动。除了建立合作关系外，赫尔辛基大学还追求合作的质量，确保合作能真正推动彼此的发展。此外，该校参与芬兰社会与文化部 2020 年提出的国际化项目，即全球教学创新网络(The Global Innovation Network for Teaching and Learning，GINTL)。通过该网络，来自芬兰、中国、印度和非洲的合作高校的研究人员可以共同工作，促进可持续发展。赫尔辛基大学负责协调与非洲和中国高校之间的合作。于韦斯屈莱大学负责协调与印度高校的合作。全球教学创新网络的工作有如下目标：通过合作解决全球教育问题；增加芬兰高校与他国高校的高质量合作；激励芬兰高校启动新的国际化措施。

赫尔辛基大学认为要成为世界一流的学术机构，必须具备开创性的基础研究、开放的好奇心及全球合作意识。所以教育和研究必须面向全球，通过知识创新，解决芬兰及全球的问题，促进全球的可持续发展。面向全球性的研究和教育，既需要来自世界各地的研究者和学生来到芬兰，也需要赫尔辛基大学的研究者走出芬兰。因此，赫尔辛基大学努力把学校变为真正的国际化机构，通过招聘外籍教师、研究者和学生，提升教师和学生群体的国际化。此外，该校鼓励本校研究者和教师去合作院校或者通过“伊拉斯谟＋计划”去参与该计划的其他欧洲高校进行研究。除了鼓励研究者和教学员工的国际流动外，该校还鼓励非学术员工的国际交流。该校通过举办国际员工交换周(International Staff Exchange Weeks，ISEW)活动和俱乐部，为本校和其他高校的非学术员工建立合作关系，并促进其提升职业技能。

为了吸引外籍教师和研究者，赫尔辛基大学的招聘职位向所有人开放，整个招聘过程公开透明，晋升路径比较公平。为了吸引国际员工，该校还向国际员工家属提供多样的服务，比如通过 HEI LIFE 家属网络(The HEI LIFE Spouse Network)，赫尔辛基地区的高校和研究机构工作人员家属可以参与一些社交文化活动，获得就业支持等。

作为一所研究型大学，该校特别重视博士生教育。目前，该校总共有 32 个博士学位项目。为了提升博士生群体的国际性，该校在提升教学和研究软硬件设施的基础上，设立学校资助的博士职位，吸引国际学生。目前，在该校的 4700 名博士生中，国际学生人数占总人数的四分之一。所以，该校博士生群体的国际化程度非常高。

在全球性教育方面，该校努力提升学生的全球流动性。首先，该校提供了多个国际学位项目，培养层次涵盖了本科和硕士。目前，只有 1 个国际本科学位，即科学。该学位强调交叉学科学习，学生主要学习自然科学的数学和统计、物理、化学及计算机等核心科目。目前，该校有 36 个学制 2 年的国际硕士学位项目，涵盖农业、自然科学、商业、语言、法律及教育等学科。这些项目的课程全部用英语授课，但是学生也可以使用芬兰语或瑞典语完成全部或者部分学习。申请该项目的学生需要提供托福、雅思成绩及剑桥英语等英语能力证书或其他英语能力的证明。通过相关学科专业知识的学习，学生既掌握了相应领域的核心知识，又为博士研究打下了坚实的基础。另外，该校提供多个学生流动或交换项目。每年，有 1000 多名交换学生在赫尔辛基大学学习。在新冠疫情的影响下，学生的流动受阻，但是赫尔辛基大学鼓励学生参与虚拟或者混合流动。学生不需要离开自己的国家，只需通过网络就可加入赫尔辛基大学的网络课程，与老师和其他学生一起学习并参加学习互动。混合流动主要与新的伊拉斯谟计划相关，结合了实际流动和虚拟流动。除了鼓励国际学生来赫尔辛基大学学习外，该校还鼓励本校学生去其他国家高校交换，参与暑期课程、短期课程或者在海外实习。

赫尔辛基大学 2021—2030 年战略计划的名称是《用知识的力量——为世界》(*With the Power of Knowledge—For the World*)。这是该校第一次为学校未来十年的发展进行规划，该战略充分参考了大学校内外师生、校友及决策者在内的多个利益相关者的意见和建议。该计划制定的价值基础是真理、教育、自由和包容。赫尔辛基大学的发展目标是：到2030年，成为学习、教学、工作及研究的理想高校，进入世界一流高校行列，成为在国内和国际都具有吸引力的高校，并通过教学和研究增进理解，造福全球。该校希望以研究支持社会发展，将可持续发展纳入教育，在2030年成为获得国际认可的多学科可持续发展中心。为了实现以上目标，赫尔辛基大学采取了4项策略，分别是共享知识与学习、教育开放、提升国内外知名度和可持续发展[①]。教育开放主要强调研究成果的公开发表和数据的开放性。论文的公开发表及数据的公开，可以使芬兰社会及赫尔辛基大学的合作伙伴等获取研究成果，共享知识和研究成果。赫尔辛基大学还通过与企业、公共部门及其他相关部门的合作，促进研究成果和专业知识的传播，提升学校的影响力。该校还致力于联合国2030年议程目标的实现，尤其是在民主、全球责任及公民对科学的信任等方面。此外，赫尔辛基大学重视教育出口和国际教育合作，支持发展中国家教育的发展。赫尔辛基大学国际化的基础是以研究为导向的国际合作。赫尔辛基大学将参与一些战略性国际合作并从中受益，通过建立大学层面的战略伙伴关系、合作计划及联盟等方式，扩大赫尔辛基大学的全球影响力。此外，赫尔辛基大学将促进教职员工和学生的实际和虚拟流动，创建对国际教职员工和学生都具有吸引力的国际化环境。

从以上内容可以看出，赫尔辛基大学主要通过共享科研成果、营造国际化校园环境、推进战略性国际合作和教育出口及师生的国际流动等方式实现国际化，从而提升赫尔辛基大学及芬兰教育的全球影响力。

(二)挪威奥斯陆大学的国际化发展战略

奥斯陆大学是挪威最大也是历史最悠久的大学。在奥斯陆大学的官方网站上，我们可以找到两个发展战略，即《2020年战略》和《2030年战略》。《2020年战略》涉及国际化发展的内容比较多，战略的总目标是把奥斯陆大学建设成为世界一流高校。《2030年战略》是在《2020年战略》的基础上，对学校2020年到2030年的发展进行的规划。这一战略计划主要强调奥斯陆大学在全球可持续发展中的贡献与责任。奥斯陆大学的总目标是进一步提高研究和教育质量，为师生提供一个开放包容的校园环境，巩固该校在欧洲大学的领先地位。《2030年战略》主要涉及研究、学生教育、与外部世界对话及创新四个方面的内容。本书主要分析奥斯陆大学《2020年战略》中涉及国际化发展的

① 具体内容参见网址 https：//www.helsinki.fi/en/about-us/strategy-economy-and-quality/strategic-plan-2021-2030/strategic-plan-of-the-university-of-helsinki。

内容。

《2020年战略》是奥斯陆大学董事会于2010年4月27日公布的涉及学校2010年到2020年发展的战略计划。该战略计划的总目标是把奥斯陆大学发展成为一流的国际化高校。这样的国际化高校可以促进研究、教育、交流及创新领域的国际交流。在总体目标之外，《2020年战略》还提出了6个核心目标：重视教学和研究的质量；提升国际化水平；加强院系间的合作；加强对学生和教师员工的情况跟踪；提升学校的管理水平；提升外部研究与自筹资金研究的互动水平。从以上6个核心目标可以看出，国际化是奥斯陆大学发展的重要目标。为了便于读者了解具体内容，我们把《2020年战略》英文版中涉及国际化的原文摘录如下(中文为笔者翻译)。

首先，《2020年战略》的第一个部分是目标和简介(objectives and profile)，这部分内容有两处涉及国际化。第一处是引言提到奥斯陆大学要超越国家边界，致力于国际研究和教育合作，具体内容如下。

"The University of Oslo shall demonstrate the ability and willingness to transcend boundaries, whether they be academic or national borders. An outstanding research-intensive university must be an active participant in international cooperation on research and education, and UiO will aspire to making a stronger contribution to this cooperation."

"奥斯陆大学应表现出超越边界的能力和意愿，不管这种边界是学术边界还是国家边界。一所优秀的研究型大学必须积极参与国际研究和教育合作。奥斯陆大学将致力于为这一合作作出更大的贡献。"

(奥斯陆大学《2020年战略》第4页)

第二处是大学面临的挑战部分提出应该加强奥斯陆大学与其他大学的网络联系及国际招聘，这有助于挪威社会的进一步发展，原文如下。

"By strengthening its international network and international recruiting, the university will ensure that there is adequate knowledge and essential expertise for the further development of Norwegian society."

"通过加强国际网络和国际招聘，学校将为挪威社会的进一步发展提供充足的知识和必要的专业技能。"

(奥斯陆大学《2020年战略》第5页)

《2020年战略》总共提出了5个目标。第一个目标是超越边界的大学。边界既包含国际边界，也包含学术边界。为了实现这样的目标，《2020年战略》提出了6项策略，其中4项都与国际化有关。这4项策略主要涉及国际合作、国际招聘及教育项目的国际化，具体内容如下。

Strategy 2 "The university's international involvement shall be greater, e. g. through increased participation in selective strategic partnerships and in the European Research Area."

策略2"大学应更多地参与国际事务，如更多地参与重点战略合作伙伴院校和欧洲研究领域的活动。"

Strategy 3 "All educational programmes will be given an international profile and cooperation with foreign institutions will be increased in order to achieve greater relevance and a higher level of quality."

策略3"所有的教育项目都将具有国际化特点，应加强与外国机构的合作从而提高教育项目的相关性和质量。"

Strategy 4 "A targeted recruiting policy will help to increase the extent of international recruiting."

策略4"有针对性的招聘政策将有助于扩大国际招聘的范围。"

Strategy 5 "Cutting-edge international research will be supported through strategic investments and cooperation related to research infrastructure."

策略5"通过与研究基础设施相关的战略投资与合作，支持国际尖端研究。"

（奥斯陆大学《2020年战略》第6页）

除了这4项策略，该部分内容还有多处提到国际化，主要是对以上策略的具体阐述，涵盖国际合作、教育项目的国际化、国际员工的招聘与流动及语言技能的提升和基础设施建设等方面。

首先是国际合作。国际合作不仅涉及欧盟高校，还涉及世界其他地区高校。所以，奥斯陆大学的国际合作是面向全球的合作，具体内容如下。

"Cooperation with prioritized countries in other parts of the world will be improved and include selected institutions in the Global South. EU cooperation will be a platform for international cooperation with the rest of the world. The university will help strengthen institutions and academic environments in developing countries through cooperation based on academic quality and reciprocity.”

“改善与世界其他地区优先选择的国家的合作。合作的机构包含全球南部国家的某些机构。欧盟的合作将成为奥斯陆大学与世界其他地区高校开展国际合作的平台。奥斯陆大学将通过以学术质量和互惠为基础的合作，帮助发展中国家提升高校教育水平和改善学术环境。

（奥斯陆大学《2020 年战略》第 7 页）

其次是教育项目的国际化。教育项目的国际化是通过与世界各地高校的合作、创建国际项目及招收国际学生实现的。具体内容如下。

“Internationalisation of study programmes will be enhanced through increased cooperation with strategic partners and through securing agreements with leading universities. Together with these universities, UiO will establish more and better international programmes, recruit more foreign students and increase the number of international lectures participating in study programmes.”

“通过加强与战略合作伙伴的合作及与一流大学签订协议来提高学习项目的国际化程度。奥斯陆大学将与这些大学一起建立更多更好的国际项目，招收更多的外国学生，增加学习项目中国际讲座的数量。”

（奥斯陆大学《2020 年战略》第 7 页）

再次是国际员工的招聘及流动。人员的流动有助于提升教育质量。具体内容如下。

“The university is operating in a global labour market for scientific employees, where mobility is increasing. This entails better opportunities for international recruiting, but also means that some of the best researchers will leave UiO. International mobility is an important factor promoting quality. In order to achieve this, faculties and academic units should improve their recruiting practices, e. g. through active searches in international academic units. Scientific positions will be announced internationally.”

“由于学校是从全球劳动力市场招聘科研人员，因此教师的流动性比较大。这为国际招聘提供了更好的机会，但是也意味着一些最优秀的研究人员将离开奥斯陆大学。国际流动是提高质量的一个重要因素。为了实现这一目标，各院系和学术单位应改进招聘工作，比如从国际上积极招聘人员。”

（奥斯陆大学《2020 年战略》第 7 页）

最后是语言技能的改善及基础设施等方面的建设。这部分内容涉及语言技能的提升、国际化校园和网站的建设及国际师生的融入等方面，具体内容如下。

“A stronger focus on internationalization requires investment in Norway in improving language skills in research，instruction and administration. An international campus，a UiO website more international in character，and a professional system for welcoming and integrating international students and employees are important elements in promoting internationalization at UiO.”

“要更加注重国际化，就需要挪威在提升语言技能方面进行投资，具体涉及研究、教学和管理方面。国际化的校园、更具国际特色的奥斯陆大学网站以及欢迎并让国际学生和员工可以融入的专业系统，这些都是促进奥斯陆大学国际化的重要因素。”

（奥斯陆大学《2020 年战略》第 7 页）

除了以上内容涉及国际化发展外，奥斯陆大学的人才培养目标也具有国际化特点。奥斯陆大学的人才培养目标是毕业生在挪威国内外都能被看作是具有吸引力的雇员。因此，奥斯陆大学重视学生国际素养的培养，面向全球劳动市场培养人才。

从以上内容可以看出，奥斯陆大学的国际化发展战略的核心内容主要是创建国际化的校园环境和国际化的师生队伍，提升教育质量，重视全球的教育合作和国际化人才培养。这些策略是高等教育机构在国际化发展中普遍采取的策略。但是奥斯陆大学的国际化发展目标并不局限于高校本身的发展，还涉及促进挪威社会和整个世界发展的内容。在全球化的深入发展中，世界之间的联系变得十分紧密，高校作为产生新知识和新技术的机构，在全球发展中扮演着重要的角色，这其实也是高校社会职能的重要体现。可以看出，奥斯陆大学在发挥高校的教学和科研职能之外，还重视发挥高校的社会职能，促进世界的可持续发展。另外，提升自身的教育科研质量和世界知名度是奥斯陆大学国际化的重要动因。

(三)瑞典皇家理工学院国际化战略

瑞典皇家理工学院是瑞典国内规模最大、历史最悠久的理工院校之一。

在瑞典所有高校中，该校连续多年被瑞典研究与高等教育国际合作基金会①(The Swedish Foundation for International Cooperation in Research and Higher Education)评为瑞典国际化程度最高的院校之一。国际化已经成为该校发展战略的重要内容，就像该校网页上所说的，“国际化已经迅速成为学校所有业务的关键要素和方法，是成为世界领先理工学院的重要工具”②。该校的国际化主要表现在教师和学生的国际化、课程的国际化、师生的国际流动及国际合作等方面。目前，该校有超过 60 个硕士学位项目是英语授课，44%的学生具有海外学历。此外，该校与全球 44 个国家超过 220 所高校签订了学生交换协议。目前，该校正努力成为欧洲和世界一流的理工科高校。

为了促进学校的发展，该校董事会在 2011 年 12 月公布了学校的长期发展战略，即《2027 年愿景》(*Vision 2027*)。瑞典皇家理工学院的《2027 年愿景》包含 8 个方面的内容，即瑞典皇家理工学院的愿景、学校的外部环境、学校的身份、工作、教育、研究、外部合作和校园环境。在瑞典皇家理工学院的愿景部分，学校明确说明了该校的发展目标是成为欧洲一流高校，成为理工科教育和研究的世界领导者及世界知名的国际化大学。可见，国际化是瑞典皇家理工学院的重要发展目标。《2027 年愿景》中涉及国际化的内容主要有国际化竞争、全球化的工程教育质量保证、双语大学的建立、国际化的师生及英语授课等。基于《2027 年愿景》，学校还制定了发展计划。目前，我们可以在学校网站看到《2018—2023 年发展计划》(*Development plan 2018—2024*)。数字化、可持续发展、全球化及机会平等是该校发展的基石。发展计划的主要内容涉及学校的定位、发展方向及目标。该计划的目标是使学校成为一流的国际大学，为可持续发展的未来创造知识和能力。在《2018—2023 年发展计划》中，国际化也被多次提及，主要涉及学校的国际化定位、师生来源的国

① 瑞典研究与高等教育国际合作基金会由瑞典政府在 1994 年创建，致力于瑞典高等教育与研究的国际化。该基金会每年都使用国际化指数(Internationalisation Index)对瑞典的 28 所研究成果比较多的高等教育机构的国际化程度进行评估。国际化指数评估的项目有国际合作发表的论文数占所有发表论文数的比例、流入和流出的学生人数占所有学生人数的比例、外籍博士生人数占所有博士生人数的比例、非瑞典语授课课程数量占总课程数量的比例、获得国外博士学位的员工人数占所有员工人数的比例、有海外读博或海外研究经历的领导人数占所有领导人数的比例。评估结果使用星星的数量来表示，最高等级是 5 颗星。评估的目的不仅仅是为了了解各高校的国际化发展程度，更是为了促进瑞典高等教育的国际化发展。

② 具体内容参见瑞典皇家理工学院国际化网页，网址为 https://www.kth.se/en/om/internationellt/about/internationalisering-for-kth-1.4142。

际化及国际化流动等。

这两个发展计划中涉及国际化的具体内容如下（中文为笔者翻译）。

1. 竞争的国际化

在全球化时代，高校之间的竞争是国际性的。瑞典皇家理工学院充分认识到这一点。

“The globalization of higher education generates challenges for all universities. Competition does not come from other universities in Sweden，but from other universities all over the world. ”

“高等教育的全球化给所有大学都带来了挑战。我们的竞争对手不是来自瑞典的其他大学，而是来自世界各地的大学。”

（瑞典皇家理工学院《2027 年愿景》，第 1 页）

2. 国际化的学校定位

瑞典皇家理工学院的定位是成为一所国际化高校，因此学校在各方面的工作中都重视国际融入。

“KTH’s organization as a whole must be characterized by international integration. KTH is an international educational institution where education and research must maintain the very highest standards，not least in order to attract international students，teachers and researchers. ”

“学校的整个组织必须具有国际融入的特征。学校是一所国际化的教育机构，其教育和研究必须保持最高标准，这不只是为了吸引国际学生、教师和研究人员。”

（瑞典皇家理工学院《2018—2023 年发展计划》，第 14 页）

3. 国际化的工程教育质量保证

在全球化时代，理工科高校的质量保证已经具有全球化的特点。瑞典皇家理工学院将引入国际质量品牌计划并帮助其他理工科高校建立类似的计划。

“Quality assurance of engineering education has become global. International quality branding schemes will have been introduced in which both scientific quality and professional relevance are assessed. KTH has supported other technical universities in the world in the establishment of such quality-oriented processes. This has substantially strengthened the international brand name of KTH and extended its networks. ”

“工程教育的质量保证已经全球化。学校将引入国际质量品牌计划，对科学质量和专业相关性进行评估。学校支持世界上其他工科院校建立这种以质量为导向的教育。这提升了学校的国际品牌声誉并扩大了合作网络。”

（瑞典皇家理工学院《2027 年愿景》，第 2 页）

4. 双语大学

在非英语母语国家大学的国际化发展中，语言作为交际工具，起着重要的作用。目前，英语是重要的国际性语言和学术语言，所以在高校的国际化发展中，英语自然而然地成为众多高校的语言选择。此外，北欧国家的英语水平普遍比较高，英语已经成为北欧国家的语言资源。所以，瑞典皇家理工学院致力于双语大学的建设。

“In 2027，KTH is a bilingual university.”

“2027 年，瑞典皇家理工学院将成为一所双语大学。”

（瑞典皇家理工学院《2027 年愿景》，第 3 页）

“KTH shall be bilingual. Marketing and information materials must always be available in both Swedish and English. In many instances，KTH’s research environment is entirely English speaking.”

“学校将成为双语大学。学校各种信息资料必须始终有瑞典语和英语两种语言版本。在许多情况下，学校是一个使用英语进行科研的院校。”

（瑞典皇家理工学院《2018—2023 年发展计划》，第 14 页）

将英语作为授课语言是课程国际化的重要内容。在研究生阶段，英语一般是普遍使用的授课语言。瑞典皇家理工学院开设了大量的英语授课课程。

“All education at advanced level is taught in English.”

“所有研究生阶段的教育都使用英语授课。”

（瑞典皇家理工学院《2027 年愿景》，第 4 页）

5. 师生来源的国际化

国际化高校需要具有国际背景的师生。瑞典皇家理工学院以良好的教育和科研环境，吸引世界各地的师生前来工作和学习。

“The environment for education and research is geared towards attracting the most suited and motivated individuals，from Sweden as well as from the outside world, to come to and remain at KTH."

"这里的教育和研究环境旨在吸引来自瑞典和瑞典之外的最适合研究、最有积极性的人才来到学校学习并留在瑞典皇家理工学院。"

"The proportion of international faculty will be substantial."

"国际员工的比例将会很大。"

（瑞典皇家理工学院《2027年愿景》，第3页）

"Recruitment of students and faculty members must be carried out both nationally and internationally. International visibility is vital to KTH's brand."

"必须既从国内又从国际上招聘学生和教师。国际知名度对学校的品牌形象至关重要。"

（瑞典皇家理工学院《2018—2023年发展计划》，第14页）

"For KTH, training a large number of international students is a self-evident element. It is just as natural as the fact that all education programmes at KTH contain exchange study periods abroad."

"对瑞典皇家理工学院来说，培养大量的国际学生是一个自然而然的事情。这就像学校的所有教育项目都包含海外交换学习一样自然。"

（瑞典皇家理工学院《2027年愿景》，第4页）

虽然该校的学生来源比较国际化，但是学校的招生重点国家主要为印度、中国及东南亚国家。主要原因是瑞典皇家理工学院与这些国家的高校建立了战略合作伙伴关系。也有可能是因为这些国家是亚洲国家，又是科技实力比较强的国家，如果该校要成为真正的国际化高校，必须与欧美国家之外的其他国家建立联系，这有助于学校的进一步发展。当然，学费也可能是一个原因，因为来自这些国家的学生需要缴纳学费，学校可以获得学费收入。

"With regard to student recruitment, KTH has primarily concentrated its efforts on India and China. In addition to these countries, the opportunity to develop collaboration with Southeast Asia is of particular interest."

"学校的招生主要集中在印度和中国。除这两个国家外，学校也热衷于与东南亚国家开展合作。"

（瑞典皇家理工学院《2018—2023年发展计划》，第14页）

6. 师生流动

师生流动是高校国际化的重要内容。在瑞典皇家理工学院的国际化发展中，学校很重视师生的国际流动。流动既包括师生的流入也包括流出。

“Incentives have been created for an increased exchange of staff both to KTH in the form of adjunct professors, industrial PhD students and guest professors, and from KTH in the form of researchers and PhD students located on site at KTH external partners, research institutes, government agencies, municipalities and county councils.”

“学校已经制定了激励措施，以增加人员的流动。流动既包括师生以兼职教授、工业博士生和客座教授的形式来到瑞典皇家理工学院，也包括学校的研究人员和博士生去校外合作伙伴(研究机构、政府机构、市政府和县议会)那里进行交流。”

(瑞典皇家理工学院《2027 年愿景》，第 6 页)

“KTH has a large proportion of students who have spent at least one term of their studies abroad.”

“学校有很大一部分学生在国外至少学习过一个学期。”

“KTH has a programme to facilitate regular overseas stays by teachers and researchers.”

“学校已经制定了一项计划，为教师和研究人员定期出国交流提供便利。”

(瑞典皇家理工学院《2018—2023 年发展计划》，第 14 页)

从以上内容可以看出，瑞典皇家理工学院特别重视国际化。首先，学校自身定位就是国际化的理工科高校。其次，该校在校园语言环境、教师招聘、招生、师生流动等方面积极融入国际化特征。再次，学校还通过国际质量品牌计划对学校的工程教育进行评估，并帮助其他国家的理工科院校建立类似的计划，促进工程教育的国际化。最后，该校重视与印度和中国在内的亚洲国家的合作。这说明该校在欧美国家之外，积极寻求合作伙伴。从另一个角度来看，这也说明该校具有广阔的国际视野。

(四)丹麦哥本哈根大学的国际化战略

哥本哈根大学创建于 1479 年，是丹麦一所古老的综合性研究型大学。与其他北欧高校一样，该校也积极寻求学校的国际化发展。为了促进学校的国际化发展，该校成立了国际化和平行语言使用中心，专门负责满足学校国际化发展中的多种语言需求。从 2008 年开始，学校每 5 年制定一个未来 6 年的总体发展战略，各院系根据学校的发展战略，制定自己的发展战略。目前我们可以在学校网站上查到的发展战略是《人才与合作——2023 年战略》(*Talent and Collaboration*, *Strategy 2023*，简称为《2023 年战略》)，这也是哥本哈根大学的第 3 个发展战略。前两个发展战略的全文笔者无法看到，但是可以从《2023 年战略》的前沿部分了解一些相关的内容。哥本哈根大学的第 1 个发展战略的内容是加强学校的国际地位，使学校成为具有国际吸引力的工作和学习场所，从而吸引世界各地的教师和学生前来工作和学习。这个发展战略发布的时间也正是高等教育国际化在世界各地快速发展的时期。所以，该战略的主要目标是提升国际师生在整个师生队伍中的比例，提升学校的国际地位。第 2 个发展战略的主要目标是发展基于研究的项目和改善学校的基础设施。《2023 年战略》涵盖以下 4 个方面的内容：人才的吸引、发展和保留；教育与科研和实践密切相连；国内和国际合作；学校内部的统一；工作重点。在该战略中，国际化人才及国际合作是国际化的重要内容。

1. 吸引外国人才

哥本哈根大学的目标是成为世界名校。学校认为外国人才对学校的国际化发展至关重要，因为这有助于学校进入全球知识市场。此外，这也有助于丹麦社会的发展。因此，在《2023 年战略》中，学校多次强调要吸引并留住外国人才，具体内容如下。

"We aim to be among the best in the world for the benefit of society at large, and this requires continued focus on attracting and retaining the best academic staff."

"为了整个社会的利益，我们的目标是跻身世界一流大学行列，这就要求我们一直重视吸引并留住最优秀的学术员工。"

"The University's position as an internationally recognized elite university affirms Denmark as a modern knowledge society. Attracting both budding and more established talents to Denmark is a vital task for the University: it is our ticket to the global knowledge market."

"作为一所国际公认的精英大学，哥本哈根大学的世界地位足以证明丹麦是一个现代知识型社会。吸引学术新秀和有名望的学者来到丹麦是学校的一项重要任务，因为这是我们进入全球知识市场的入场券。"

(哥本哈根大学《2023 年战略》，第 5 页)

“A university at the highest international level requires strong academic environments. To deliver on the University’s vision to be among the world’s best universities, focus on recruiting, retaining and developing talented academic staff is crucial.”

“国际最高水平的大学需要强大的学术环境。为了实现学校跻身世界一流大学行列的愿望，重视招聘、留住并培养优秀的学术人员是至关重要的。”

（哥本哈根大学《2023 年战略》，第 8 页）

为了吸引外国人才，该校还将在招聘及晋升系统上与世界接轨。也就是，在招聘和职位晋升上实现国际化。

“We will use an internationally recognisable and attractive recruitment and career system, including tenure track.”

“我们将采用国际公认的、具有吸引力的招聘和职位晋升系统，其中包含终身教职制度”

（哥本哈根大学《2023 年战略》，第 9 页）

2. 培养国际化人才

国际化高校的学生来源多样，毕业生也将在国际市场就业。在全球化时代，即使是本国学生，也有可能从事跨国性的工作或者在国外就业。所以，国际化高校的人才培养目标是培养具有国际化素质的人才。哥本哈根大学充分认识到这一点，重视国际化人才的培养，在《2023 年战略》中，这样写道。

“Broadly speaking, our job is to produce talented graduates for the job markets both in Denmark and globally.”

“大体上说，我们的工作是为丹麦和全球的就业市场培养优秀的毕业生。”

（哥本哈根大学《2023 年战略》，第 5 页）

“The University of Copenhagen should be known internationally as an open and ambitious knowledge institution. The University’s graduates must acquire international competences and a global outlook, just as students and academic staff should draw inspiration from the surrounding world and be equipped to contribute to a society undergoing rapid change.”

“哥本哈根大学应该在国际上享有开放进取的知识机构的美誉。学校的毕业生必须具备国际素养和全球视野。同样，学生和教职员工也应从周围的世界中汲取灵感，并有能力为瞬息万变的社会作出贡献。”

（哥本哈根大学《2023 年战略》，第 18 页）

3. 重视多种类型的合作

通过与国内外不同机构合作，学校可以与这些机构建立伙伴关系，挖掘彼此的潜能，优势互补，共同发展。

“We must exploit the potential that lies in focused and committed partnerships with national and global universities, foundations, businesses and public organisations. UCPH is a member of several international university alliances and collaborates with businesses, public institutions and organisations across a wide range of different fields.”

“我们必须与国内和全球的大学、基金会、企业和公共组织建立目标明确、可以持久合作的伙伴关系并挖掘其中蕴含的潜力。哥本哈根大学是多个国际大学联盟的成员，并与企业、公共机构和组织在多个不同领域开展合作。”

（哥本哈根大学《2023 年战略》，第 21 页）

4. 鼓励全校参与学校的国际化建设

哥本哈根大学鼓励全校人员参与学校的国际化建设，通过统一的管理团队，充分发挥各部门的资源，形成一个整体，共同促进学校的国际化建设。

“Internationally, it must be evident that UCPH is a strong international partner. This requires that the University develops its human skills and talents in all staff groups, uses its resources as efficiently as possible and operates as a unified whole. That requires employees who all contribute to the common strategic goals as well as a unified management team, which communicates clearly and provides the framework for and facilitates the development of the organization.”

“在国际上，哥本哈根大学显然是一个强有力的国际合作伙伴。这就要求大学培养所有员工的技能并发挥他们的才智，尽可能有效地利用他们拥有的资源，使其成为一个统一的整体运转。这就要求所有员工都能为共同的战略目标作出贡献，还要有一个统一的管理团队，能够清晰地沟通，为组织的发展提供框架和便利。”

（哥本哈根大学《2023 年战略》，第 24 页）

哥本哈根大学学校层面的发展战略指明了学校未来的发展目标及方向，属于宏观层面的发展战略，但是也强调各个部门及所有人员的协作。为了服务学校的2023年发展战略，学校还制定了语言政策，规定学校的语言使用原则，减少语言障碍。有些院系还基于学校的发展战略，制订了本院系的发展战略，共同促进学校发展。比如，社会科学学院基于学校的发展战略制订了学院的发展计划。在这一计划中，涉及国际化的主要内容有双语主义、国际化的师生、学生国际交流、英语授课学位项目、国际化的课程及国际合作等。因此，丹麦哥本哈根大学的国际化发展是在全校共同参与下进行的。

(五)冰岛大学的国际化战略

冰岛大学是冰岛历史最悠久、学科设置最全的高校。冰岛大学目前有5个学院，27个系，覆盖人文、自然科学、医学和工程等学科。冰岛大学在能源、物理及计算机等研究领域享有盛誉。虽然冰岛国家比较小，但是由于冰岛发达的经济优势，国家在教育上投入比较大。全冰岛只有几所高校，所以每所高校都有充足的研究经费。得益于充足的研究经费和学校对科研的重视，冰岛大学是世界著名的研究型大学。在学校的发展中，冰岛大学定期制订学校的发展政策及战略。目前，我们可以在学校网站上查到的政策或战略有4个，分别是《2006—2011年政策》(*Policy of the University of Iceland 2006—2011*)、《2011—2016年政策》(*Policy of the University of Iceland 2011—2016*)、《2016—2021年战略》(*Strategy of the University of Iceland 2016—2021*)、《2021—2026年战略》(*A Better University for a Better Society, Strategy 2021—2016*)。从这些政策或者战略中，可以看到涉及冰岛大学国际化发展的内容。

冰岛大学在2006年时，确立了学校的长期发展目标，即成为世界排名前100名的大学。当时，只有8所北欧大学的世界排名位于前100名，分别为丹麦的哥本哈根大学、奥胡斯大学，挪威的奥斯陆大学，瑞典的卡罗林斯卡医学院、隆德大学、乌普萨拉大学、斯德哥尔摩大学和芬兰的赫尔辛基大学。为了实现这样的目标，学校从2006年开始制定发展政策。

《2006—2011年政策》的主要内容是提升学校在教学、研究和管理等方面的质量。涉及国际化的内容涵盖教学、教师招聘、招生、博士学位项目、科研的国际发表和国际合作等。《2011—2016年政策》依然强调国际论文发表和国际合作，并将其纳入教师考核标准。此外，《2011—2016年政策》还强调冰岛社会和文化研究的国际发表及鼓励国际师生修习冰岛语课。因此，该政策在国际化的建设中，加强了冰岛社会和文化研究的国际传播和冰岛语言的传播。这说明冰岛大学在国际化建设中重视发挥大学的文化传播职能。《2016—2021 年战略》从研究、教学和社会及工业参与等方面对学校的发展进行了规划，涉及科研论文发表、联合学位、国际交流和合作及语言政策等内容。可以看出，冰岛大学特别重视研究成果的国际发表，这可能是因为国际论文发表是科研国际化的重要内容，也是科研国际影响力的重要评价指标。在《2016—2021 年战略》中，冰岛大学提到了学校既要保护冰岛语，又要支持学校的国际化工作。也就是说，学校既要增加英语的使用，又要保护冰岛语的语言地位。这说明冰岛大学注重维护本国语言的学术语言地位。

目前最新的发展战略是《2021—2026 年战略》。该战略主要包含以下 4 个方面的内容：开放和国际化；可持续发展与多元化；教育质量的优势；良好的工作场所。由此可见，国际化是冰岛大学的发展战略之一。在这一战略中，国际化的内容主要是国际合作和加强冰岛语的世界地位。由此可见，冰岛大学在加强国际合作，促进学校的国际化发展之外，还重视加强冰岛语言的地位。在高等教育的国际化发展中，英语化是一个普遍的趋势，这是由英语的国际语言地位和学术语言地位决定的。因此，如何保护非英语国家本国语言的语言地位成为很多高校需要思考的问题。从冰岛大学的发展战略中可以看出，冰岛大学重视冰岛语的语言地位，但是并没有说明具体的行动计划。这有可能是因为学校在 2016 年出台了语言政策，对冰岛语和英语的使用分别进行了具体说明。目前，学校实行的语言政策依然是 2016 年公布的语言政策。总之，在北欧国家高校中，冰岛大学特别重视维护本国语言的语言地位。这可能与冰岛大学的学校特征、职责及冰岛的语言保护传统有关。首先，冰岛大学是公立高校，财政拨款是学校重要的经费来源，学校的一些政策，如语言政策，应与国家政策一致。其次，作为国家的教育机构，冰岛大学有服务冰岛社会的职能，对冰岛社会、文化和语言负有重要的责任，所以应该保护冰岛的社会文化并传播冰岛语言和文化。最后，冰岛有语言保护的传统，注重冰岛文学和冰岛语言的传承。在丹麦对冰岛的殖民统治时期，冰岛就有语言纯净化(linguistic purism)的语言意识，维护冰岛语的语言地位。随着全球化发展和移民的增多，冰岛的语言文化变得多样化。在众多外来语言中，英语的使用频率最高。为了维护冰岛语的语言地位，冰岛政府在 2011 年时，确立冰岛语为国家的官方语言。冰岛《移民法》规定外国人要申请成为冰岛公民，必须通过冰岛语测试。所以，语言纯净化是冰岛语言规划和语言政策中的语言意识。因此，冰岛大学有义务保护冰岛语的语言地位并传播冰岛语言文化。

在冰岛大学制定的政策或战略中，涉及国际化的内容如下。

1. 国际化大学的定位

冰岛大学的定位是国际化的研究型大学。与此同时，学校对冰岛社会、文化和语言负有责任。

“The university of Iceland is an international university that is growing rapidly, and has many duties to Icelandic society.”

“冰岛大学是一所发展迅速的国际性大学，对冰岛社会负有很多责任。”

（冰岛大学《2006—2011 年政策》，第 1 页）

“The University of Iceland is an international research university that has strong obligations to Icelandic society, culture and language.”

“冰岛大学是一所国际研究型大学，对冰岛社会、文化和语言负有重大责任。”

“In 2006 the University of Iceland set itself the long-term goal of becoming one of the top 100 universities in the world.”

“2006 年，冰岛大学制定了跻身世界百强大学行列的长期目标。”

（冰岛大学《2011—2016 年政策》，第 5 页）

2. 科研国际化

为了实现研究型国际化高校的目标，冰岛大学特别重视研究成果的国际发表。国际论文发表已经成为学校的科研考核标准。在此基础上，学校还鼓励国际合作共同发表论文或者出版著作。这充分体现了冰岛大学重视科研的国际化。具体内容如下。

“Number of papers published in respected international peer-reviewed ISI journals to increase by 100% by year-end 2011.”

“到 2011 年底，学校在国际权威同行评审的 ISI 期刊①上发表的论文数量将增加一倍。”

（冰岛大学《2006—2011 年政策》，第 7 页）

在《2011—2016 年政策》中，冰岛大学提出学校将采用 10 个主要绩效指

---

① ISI 期刊指的是科学情报研究所（The Institute for Scientific Information）索引的期刊论文，涵盖了科学技术、社会科学及人文艺术等学科领域。此外，数据库还收录了会议论文和专利文献等。

标监测科研和创新的进展情况。在这10个绩效指标中，国际论文发表是重要的一项，具体信息如下。

“The annual number of high quality publications in each school, i. e. , in ERIH journals, ISI journals and other peer-reviewed forums with stringent academic quality requirements, such as books and book chapters. ”

“每个学院每年发表的高质量论文数量，即在ERIH期刊①、ISI期刊和其他对学术质量有严格要求的同行评审论坛上发表的论文数量，如著作和书籍章节等。”

（冰岛大学《2011—2016年政策》，第11页）

在《2021—2026年战略》中，冰岛大学强调国际合作研究成果的出版。可以看出，冰岛大学不仅仅强调师生论文的国际发表，还鼓励国际合作，共同发表论文或出版著作。

“ Peer-reviewed publications in collaboration with international partners”

“与国际合作伙伴合作出版的同行评审的出版物”

（冰岛大学《2021—2026年战略》，第14页）

3. 国际合作

国际合作是高等教育国际化的重要内容，一般包含国际科研合作、联合学位及交换学习等内容。冰岛大学重视国际合作，鼓励科研项目的国际合作及师生的国际交换。学校政策和发展战略多次提到国际合作。具体内容如下。

“The University places ever-increasing emphasis on international outreach. One-third of research projects of faculty and scholars at the University of Iceland are carried out in collaboration with colleagues abroad. Doctoral students are expected to pursue part of their studies at universities or institutes abroad. Agreements have been reached with over 300 universities overseas on student and faculty exchange. ”

“冰岛大学日益重视国际化。冰岛大学三分之一的教师和学者的研究项目

① ERIH期刊指的是欧洲人文社会科学研究索引(European Reference Index for the Humanities)收录的期刊论文。

都是与国外同行合作开展的。博士生应在国外大学或研究所完成部分学业。学校与海外300多所大学达成了师生交流交换协议。”

（冰岛大学《2006—2011年政策》，第2页）

“The aim is that in 2011 10% of doctoral students at the University of Iceland will be studying on the basis of agreements on joint degrees with universities in other countries.”

“冰岛大学的目标是到2011年，学校10%的博士生将在学校与其他国家大学签订的联合学位协议的项目中学习。”

（冰岛大学《2006—2011年政策》，第6页）

“Collaboration with the leading universities and university departments in the world will be systematically strengthened, for example, through student and teacher exchange programmes, new positions for visiting scholars, joint PhD degrees and support of joint research projects.”

“学校应系统性地加强与世界一流高校及院系的合作，比如，通过师生交换项目、访问学者、联合培养博士、资助科研项目合作等途径进行合作。”

（冰岛大学《2011—2016年政策》，第9页）

“Research infrastructure, national and international collaboration must be strengthened, and an environment must be created which supports research of the highest international standards.”

“学校必须改善基础设施，加强国内外合作，创造一个符合国际最高标准的研究环境。”

（冰岛大学《2016年—2021年战略》，第12页）

“The number of joint degree programmes offered in collaboration with universities abroad will be increased, as will opportunities for exchange studies and support for international research collaboration.”

“与国外大学合作的联合学位项目的数量将有所增加，交换学习和国际研究合作的机会也将增加。”

（冰岛大学《2021年—2026年战略》，第20页）

4. 师生来源的国际化

国际化的高校，必然要求师生来源多元化。在高等教育国际化的发展中，增加外籍师生的数量是国际化的策略之一。冰岛大学也不例外，重视国际招聘和招生，具体内容如下。

"Foreign students are to comprise 30% of total number of doctoral students in 2011."

"到 2011 年，外国学生将占到博士生总数的 30%。"

（冰岛大学《2006—2011 年政策》，第 6 页）

"Advertisement for teaching posts is to be published internationally."

"教师职位的招聘广告将在国际范围内发布。"

（冰岛大学《2006—2011 年政策》，第 10 页）

"The university wishes to recruit employees with diverse backgrounds, and for that purpose it will whenever appropriate advertise academic jobs internationally."

"学校希望招聘具有不同背景的员工，为此，学校会在适当的时候在国际范围内发布学术职位的招聘信息。"

（冰岛大学《2011—2016 年政策》，第 19 页）

"The University of Iceland is a dynamic academic community in which a diverse group of staff and students come together to create and communicate new ideas and solutions. It is important for the University to be an engaging and ambitious workplace that attracts talented staff and students in a competitive international environment."

"冰岛大学是一个充满活力的学术社区。在这里，背景不同的师生汇聚一堂，共同创造并交流新的理念和方案。在竞争激烈的国际环境中，冰岛大学必须成为一个具有吸引力和进取心的工作场所，吸引有才华的师生来此工作和学习。"

（冰岛大学《2016 年—2021 年战略》，第 8 页）

5. 维护冰岛语的语言地位

在高校的国际化发展中，英语的使用越来越广泛。对于非英语母语国家来说，英语的使用可能会威胁到本国语言的学术语言地位。此外，高校的文化职能又要求高校传承本国语言和文化。所以，在高校的国际化中，如何平衡英语和本国语言的使用是一个值得深思的问题。在这方面，冰岛大学重视维护冰岛语的语言地位并努力传播冰岛语。学校的发展政策或战略多次提到冰岛语学习或者加强冰岛语的地位，具体内容如下。

"Foreign students and faculty are to be encouraged to attended Icelandic courses."

"鼓励外国学生和教师参加冰岛语课程。"

（冰岛大学《2006—2011 年政策》，第 11 页）

"Foreign employees and students will be encouraged to attend courses in Icelandic."

"学校鼓励外国员工和学生参加冰岛语课程。"

（冰岛大学《2011—2016 年政策》，第 20 页）

"The University official language strategy reviewed with the aim of supporting both the Icelandic language (the official language of the University) and the international work of the University."

"学校将修订官方语言战略，目的是支持冰岛语(学校的官方语言)的使用和大学的国际化工作。"

（冰岛大学《2016 年—2021 年战略》，第 16 页）

"Action will be taken to strengthen the Icelandic language in a changing world."

"学校将采取行动，在不断变化的世界中提高冰岛语的地位。"

（冰岛大学《2021 年—2026 年战略》，第 20 页）

6. 重视冰岛社会文化研究的国际发表

在高等教育的国际化发展中，国际化程度一般具有学科差异，即理工科一般比人文社科类专业的国际化程度高。产生这一现状的主要原因是理工科的研究对象是客观物质世界，所以研究具有普遍性和客观性。然而，人文社科也是高等教育国际化的重要内容，因为这些学科涉及社会及文化方面的内容，有助于对外文化交流和合作，加深不同国家之间的相互理解。冰岛大学在国际化发展中，比较重视本国社会文化研究成果的国际发表，因为这有利于研究成果的国际传播，也能促使更多学者了解冰岛社会和文化。由此可见，冰岛大学在重视理工科科研成果国际发表的同时，也重视人文社科类研究成果的国际发表。

冰岛大学的发展政策和战略提到了人文社科类研究成果的国际发表，具体内容如下。

"The University of Iceland plays a unique role in the research of Icelandic culture and society and seeks to publish its research findings in domestic and international venues."

"冰岛大学在研究冰岛文化和社会方面发挥着独特的作用，并努力在国内外发表其研究成果。"

（冰岛大学《2011—2016 年政策》，第 10 页）

综上所述，北欧国家在国家层面和院校层面都特别重视高等教育的国际化发展。国际化是国家的发展战略。国家层面的发展战略为高等教育的国际化发展指明了方向。各个高校根据国家的发展战略要求，制定了自身的发展战略。本书在每个北欧国家中选择了 1 所高校，对其国际化发展战略进行详细说明。这些高校都是这些国家较大或者国际化程度较高的高校，可以代表这些国家的高等教育国际化水平。通过分析这些高校的国际化发展政策或者战略，可以看出不同高校采取了不同的策略促进国际化发展。这些高校的定位都是国际性高校。为了实现这样的目标，这些学校普遍采取了以下国际化策略：促进师生来源的国际化和国际流动；促进教学和科研的国际合作；建设双语校园；开设英语授课课程等。在国际合作方面，除了欧洲高校，亚洲、非洲及美洲的高校也是合作对象。由此可见，北欧的高等教育国际化寻求的是全球范围的合作。此外，北欧高校还重视保护本国语言的地位。在这方面，冰岛大学是一个典型。

第二节　管理机构及平台

为了推动高等教育的国际化发展，北欧国家在北欧区域层面、国家层面及院校层面都有管理国际化事宜的相关单位。在北欧区域层面，主要由北欧部长理事会管理。在国家层面，各国在教育部或者国家教育署中设立了管理高等教育国际化的机构或者合并了一些相关机构，专门负责涉及国际合作或者项目管理及拨款的事宜。此外，还有政府设立的一些基金会或者公共机构，专门从事促进高等教育国际化的工作，如瑞典高等教育与研究国际合作基金会。除此之外，北欧各国还建立了全国统一的招生信息平台，方便国际学生获取相关院校及招生信息。在高校层面，各高校行政管理部门中有专门管理国际化事宜的办公室。

一、国际化管理机构

(一)区域层面的国际化管理机构

北欧高等教育国际化的特点是区域化和全球化。北欧国家重视北欧区域合作，北欧理事会和北欧部长理事会是北欧国家之间的官方合作组织，就北欧地区的发展及相关领域的合作进行探讨。北欧理事会负责北欧国家议会之间的合作，北欧部长理事会负责北欧国家政府之间的合作。教育合作是北欧合作的重要领域，主要由北欧部长理事会管理。其中，高等教育的合作是教育合作的重要内容。一般认为，加强北欧合作主要有地理、文化、社会及学术等方面的原因。地理上，北欧国家同属北欧，彼此之间的距离很近，具有地理优势。文化上，北欧国家具有相似的历史和文化，这为合作提供了可能。社会方面，北欧国家都是高福利国家，国家在教育方面的投资很大，实施免费教育政策，国民的受教育率和受教育层次比较高。此外，北欧国家的高等教育机构多数都是公立高校，国家拨款是其主要的经费来源。即使是私立高校，也依然享受国家拨款。所以北欧国家的教育系统具有相似性。学术方面，北欧高校的一些研究领域具有北欧特色，如北欧语言、北欧社会、北欧文化及北欧法律等。因此，在这些方面进行合作就很有必要。此外，由于北欧国家都不是大国，只有彼此合作，集中优势，才能在一些研究领域取得突破，才能增强北欧地区的竞争性和全球吸引力。

北欧部长理事会主要负责北欧国家政府之间的合作，在实践中，有些具体合作事宜由合作理事会(Ministers for Cooperation)负责。北欧部长理事会涉及高等教育合作的主要工作内容有：探讨北欧高等教育的发展及遇到的挑战；建立、资助并管理相关合作项目，促进高等教育和研究合作及师生的流动；协商国际化发展中的一些问题，如制定语言政策。北欧部长理事会包含 11 个单独的部长理事会，分别负责一个具体领域，如文化理事会主要负责文化相关的事务。在这些单独的理事会中，有一个专门负责教育和科研的理事会，即教育和研究理事会(Nordic Council of Ministers for Education and Research)。该理事会的职能是保证北欧地区在知识和技能方面处于世界领先地位。

在教育合作方面，北欧部长理事会设立了许多促进北欧教育合作的项目。

Nordplus 项目是其中的一个。该项目目前有 5 个子项目，分别是 Nordplus 青年项目（Nordplus Junior）、Nordplus 高等教育项目（Nordplus Higher Education）、Nordplus 成人项目（Nordplus Adult）、Nordplus 跨部门创新项目（Nordplus Horizontal）、Nordplus 北欧语言计划（Nordplus Nordic Languages Programme）。Nordplus 高等教育项目的目标是促进北欧高校之间的合作并建立北欧高等教育区，推动高校学生的跨国研究及师生的国际交换。该项目目前主要通过建立合作网络、设立联合学习项目和发展项目及师生流动等方式促进北欧和波罗的海国家在高等教育领域的合作。除了高校之间的合作，该项目还支持高校与其他组织之间的合作。最新的《Nordplus 手册》(2023)①提到高等教育的合作方式是建立合作网络和项目伙伴关系。合作网络是针对某一主题开展长期合作，而项目伙伴关系是根据具体的项目建立合作，所以有时间限制。建立这两种合作方式都需要满足一个条件，即至少有来自三个不同国家的三个机构。在该项目中，格陵兰岛和法罗群岛等北欧国家在海外的自治领地被单独进行统计。2023 年，该项目主要资助师生流动、项目活动和合作网络会议。师生流动包括长期流动、短期流动和快速流动。学生指的是本科生和研究生。长期流动的时间为 3 个月到 1 年，主要依靠外来的项目资金支持，如欧盟的伊拉斯谟＋项目。短期流动的时间为 1～2 个月。快速流动的时间为 1 个月以内，最少 1 周。这两种流动主要由 Nordplus 资助。教师流动主要依靠外来项目资助。Nordplus 的合作项目主要有集中课程、联合学习项目及高等教育创新项目。合作网络会议包括建立和发展新的合作网络的行政会议和已建成的合作网络的学术员工的会议，涉及课程和流动的质量等内容。

NordForsk 创建于 2005 年，是在北欧部长理事会教育和研究理事会管理下的独立组织。该机构的主要职责是为北欧国家在科研及科研基础设施建设方面的合作提供资金支持并管理这些项目。该机构与北欧各国的国家科研基金机构一起合作，共同提供资金②。这些机构是 NordForsk 的重要合作伙伴，具体信息见表 6.2。

① Nordplus. Nordplus handbook 2023 [EB/OL]. [2023-12-2]. https://www.nordplusonline.org/wp-content/uploads/2022/12/nordplus-handbook-en-2023-nyjast.pdf.

② https://www.nordforsk.org/nordforsk-funding-partners

表 6.2　NordForsk 资助合作伙伴

国家或自治领地①	科研资助单位名称
瑞典	瑞典研究理事会(The Swedish Research Council)、瑞典健康、工作及福利研究理事会(The Swedish Research Council for Health, Working Life and Welfare),瑞典环境、农业科学和空间规划研究理事会(The Swedish Research Council for Environment, Agricultural Sciences and Spatial Planning),瑞典创新机构(Vinnova),瑞典战略研究基金会(Swedish Foundation for Strategic Research)
丹麦	丹麦创新基金(Innovation Fund Denmark)、丹麦独立研究基金(Independent Research Fund Denmark)、丹麦高等教育与科学部(Ministry of Higher Education and Science, Denmark)
芬兰	芬兰学院(Academy of Finland),芬兰商业(Business of Finland)
挪威	挪威研究理事会(The Research Council of Norway)
冰岛	冰岛研究中心(The Icelandic Centre for Research)
法罗群岛	法罗群岛研究理事会(Research Council Faroe Islands)
格陵兰岛	格陵兰岛研究理事会(The Research Council of Greenland)

(资料来源:NordForsk 网站,https://www.nordforsk.org/nordforsk-funding-partners)

通过加强北欧的科研及合作,NordForsk 致力于确保北欧科研质量处于国际高水平行列,提升北欧科研的国际竞争性。目前,该机构资助的研究领域有 18 个,分别是农业、北极、水产养殖、生物经济、儿童和青少年、数字化、未来教育、未来工作生活、性别、绿色转型、健康和福利、跨学科性、移民和融入、中子、北欧电子基础设施合作、社会安全、高校合作、可持续城市发展和智慧城市。其中,高校合作主要鼓励北欧地区研究型大学之间的合作,通过创建良好的北欧科研环境,促进研究人员的流动并提高科研能力,进而提升整个北欧地区研究合作的专业性和重要性。在资金来源方面,NordForsk 提供三分之一的资金,其余资金由高校提供。NordForsk 特别重

① 法罗群岛和格陵兰岛是丹麦的自治领地。

视合作项目所产生的北欧附加值(Nordic added value)①。这是 NordForsk 对资助项目进行评估的标准之一。项目资助人必须在项目报告中提供这方面的具体信息。因此，NordForsk 项目不仅重视北欧地区的研究合作，更看重这种科研合作产出的成果对北欧地区的价值。除了北欧地区，NordForsk 还与其他国家开展国际科研合作。目前，该机构与荷兰和英国的科研资助机构在教育、数字化及创新等领域合作。最近，该机构开始开展与波罗的海国家、日本和加拿大的合作。

除了以上对高等教育和研究的资助和项目管理外，北欧部长理事会还对北欧地区的语言使用进行管理并制定语言政策。北欧很多学者担心英语会威胁北欧本地语言的使用和语言地位，尤其是学术语言地位，导致北欧本地语言领域丢失(domain loss)。领域丢失指“当国家语言在一个领域中的使用频率降低或者不再被使用时，国家语言可能会丧失在该领域的地位和(或者)功能”②。在高校的国际化发展中，作为重要的学术语言，英语的使用频率很高。很多非英语母语国家高校都增加了英语授课的课程和学位项目。在这方面，北欧高校处于世界前列，在一定程度上，这就会影响北欧本地语言的学术语言地位。

语言问题一直是北欧部长理事会关注的问题。21 世纪初，北欧部长理事会专门召开了北欧语言政策会议，探讨北欧地区的语言使用问题并提出了并行语言使用的概念。最终，北欧部长理事会在 2006 年发布了《北欧语言宣言》(*Nordic Language Declaration 2006*)，确立了并行语言使用政策。该宣言成为北欧国家处理语言问题的重要指导原则。并行语言使用指多种语言可以同时在某一场合使用，最开始主要指北欧语言的使用。2018 年，为了处理北欧语言和英语的使用问题，北欧部长理事会发布了北欧高校并行语言使用建议，即《北欧高校并行语言使用的最佳实践：11 条建议》(*More Parallel*, *Please*!

---

① 北欧附加值(Nordic added value)有多种定义或描述方法。NordForsk 认为北欧附加值主要包含两种类型：第一种是研究合作发生地在北欧，但研究内容不限于北欧的研究合作所产生的附加值。由于研究合作发生地是在北欧，这类研究合作可以促进相关专业知识的形成，促进人员流动，提升科研成果质量和数量等。第二种是研究内容涉及北欧且只能在北欧地区进行的研究合作所产生的附加值，这类研究合作涉及北欧地理、文化、语言等具有北欧特色的研究领域。这些研究内容由于涉及北欧地区的具体情况，需要北欧科研人员的合作，研究成果也主要是为了满足北欧国家的研究需求。详细信息参见网址 https://www.nordforsk.org/how-does-research-co-operation-lead-nordic-added-value。

② Gregersen F, Hultgren A K, Thøgersen J. English in Nordic universities: ideologies and practices[M]. Amsterdam: John Benjamins, 2014: 9.

Best Practice of Parallel Language Use at Nordic Universities: 11 Recommendations）。该建议共分为 11 条，涉及语言管理、教学语言及学术成果的传播等方面。各高校参考建议，制定了自己的语言政策，即北欧本地语言和英语可以同时在高校使用。

通过以上内容可以看出，北欧地区重视区域性合作，这主要是由北欧地区的具体情况和合作传统决定的。在北欧国家中，冰岛和挪威不是欧盟国家，因此不能参与欧盟的一些议程，如里斯本议程(Lisbon Agenda)。但是，北欧部长理事会提出了北欧议程(Nordic Agenda)，促进北欧地区的合作。此外，北欧国家有悠久的合作历史，北欧议会和北欧部长理事会的建立都是为了促进合作。从这两个机构建立至今，北欧地区的合作历史已经超过半个世纪。北欧合作的目的主要是为了增加北欧地区的国际竞争力。高等教育领域属于合作的重要领域。在高等教育的国际化方面，北欧理事会有专门的组织负责设立北欧地区的科研合作项目，并对其进行资助和管理。此外，该理事会还就高校的语言使用问题提出了建议。这些都属于高等教育国际化中区域性合作的内容。因此，北欧部长理事会在区域高等教育国际化中履行了一定的管理职能，推动了此地区高等教育的国际化发展。

(二)国家层面的国际化管理机构

国家层面的高等教育国际化工作主要由国家教育部门管理。国家教育部门的主要职责是制定高等教育国际化发展政策和创建国际合作项目并对其进行管理。此外，还有政府成立的一些基金会或其他机构。

1. 国家教育部门

国家教育部门主要指国家教育部或教育署之类的机构。这些部门类似于我国的教育部，但并不完全一样。北欧国家的行政组织不太一样，有的国家教育部负责所有层次所有种类的教育，如挪威的教育和研究部管理所有教育层次的教育事务；有的国家高等教育和其他层次的教育由不同的部门管理，如瑞典的国家教育署只负责初等和中等教育的教育事务，高等教育由专门的国家高等教育署管理。不同北欧国家的国家高等教育管理机构的名称不一样。另外，北欧国家还有专门管理教育评估的机构，这些也属于国家教育部门。

瑞典国家高等教育署是管理瑞典高等教育的国家机构。该机构的主要职责是评估瑞典高等教育和研究的质量、统计高等教育领域的数据并发布年度报告、监督高校遵守国家相关法律法规的情况、为高等教育机构提供需要的信息等。在高等教育国际化方面，该机构重视保障高等教育质量方面的国际合作，尤其是与欧洲国家之间的合作。在欧洲，博洛尼亚进程促使欧洲高校的师生流动性增强。在这种背景下，不同国家高等教育机构的教育质量保障和教育可比性变得十分重要。瑞典国家高等教育署积极与北欧、欧洲及全球的高等教育质量保障协会合作，保证瑞典高等教育机构的教育质量符合国际标准。该机构每年都发布瑞典高等教育和研究的年度报告。报告提供了瑞典高等教育领域的教育信息、国际招生和学生的国际流动等方面的信息。这些信息可以让相关利益者及时了解瑞典高等教育机构在某一年度的国际化发展情况。瑞典高等教育委员会主要负责海外学历认证。学历认证可以促进瑞典和其他国家之间的学历互认，便于开展高等教育领域的国际教育合作。瑞典学院(Swedish Institute，SI)也是参与瑞典高等教育国际化的政府机构。该机构设立了700多个硕士项目并进行全额奖学金资助。此外，该机构主要负责瑞典的对外宣传并加强瑞典与其他国家的多领域合作。通过该机构，人们可以了解瑞典的教育、文化和科研信息。

丹麦的高等教育和科学部(Ministry of Higher Education and Science)负责丹麦高等教育领域的工作。该机构内设有研究、创新及国际关系中心(Center for Research，Innovation and International Relations)，负责高等教育的国际合作事宜。丹麦教育、科学及文化部参与了很多国际科研合作，主要有欧洲合作、全球合作及北极合作。丹麦高等教育与科学局(Danish Agency for Higher Education and Science)是丹麦高等教育和科学部于2020年成立的一个机构，由之前的教育拨款机构和负责科学和高等教育的机构合并而成。该机构主要负责管理丹麦的国家教育补助金和贷款计划(State Educational Grant and Loan Scheme)，并管理教育项目、研究创新及数字化等事务。该机构有一个副局长专门负责教育项目及国际流动。丹麦评估研究所(The Danish Evaluation Institute)负责丹麦高等教育机构的质量评估，评估标准包含教学方法和学科知识等。评估可保证丹麦高等教育的质量符合国际相关评估机构的标准，使丹麦高校的教育质量具有国际可比性，从而促进丹麦高校的国际化。

芬兰教育和文化部主要负责芬兰高等教育的国际合作事宜。该部的高等教育和科学政策司(Department for Higher Education and Science Policy)主要负责高等教育及研究领域的工作。芬兰教育和文化部制定芬兰高等教育国际化政策并管理国际化项目。国际化政策主要是芬兰2017—2025年高等教育与研究国际政策，即《为世界最好的教育而共同努力，促进高等教育与研究的国际化政策》。国家层面的国际化项目有人才促进计划(Talent Boost Programme)和高等教育机构的全球项目(Global Projects)。人才促进计划主要为国际人才融入芬兰提供支持。高等教育机构的全球项目主要是促进芬兰高等教育机构与其他国家的类似机构建立合作关系。芬兰国家教育署是芬兰教育和文化部下属的教育行政管理部门。教育国际化是芬兰国家教育署的一个工作目标。芬兰国家教育署中的国际化事务及影响力(International Affairs and Impact)部门主要负责国际合作方面的工作，具体工作涉及国际高等教育合作、欧盟教育项目管理和国际化服务等。芬兰教育评估中心负责对芬兰高等教育的质量进行评估，保证高等教育机构的教育质量符合国家和国际标准。

挪威的教育和研究部内设有高等教育和研究机构管理部门(Department for Governance of Higher Education and Research Institutions)，负责管理高等教育与研究的相关事务。在该部门中，涉及高等教育国际化管理的机构是挪威高等教育与技能局(The Directorate for Higher Education and Skills)和挪威研究理事会(The Research Council of Norway)。挪威研究理事会成立于1993年，管理并分配来自挪威政府所有部门的研究经费。该机构的主要职责是为挪威科研活动(包括国际合作项目)提供决策及资金支持。该机构根据挪威政府的发展战略，设立了与中国开展合作研究的专项计划，即“中国计划”，同时为该项目提供经费并支持双方研究人员的互访及交流。挪威高等教育与技能局成立于2021年，是挪威教育与研究部在高等教育和高等职业教育领域的执行机构，负责为教育和研究部提供建议并执行国家的相关政策，为挪威教育质量和技能的提高及国际合作的加强作出贡献。该机构是由挪威涉及高等教育的一些机构或者部分机构合并而成的。这些机构有挪威高等教育国际合作与质量提升机构(Norway Agency for International Cooperation and Quality Enhancement in Higher Education)、挪威技能局(Skills Norway)及挪威教育质量保证局(The Norwegian Agency for Quality Assurance in Education)等。其中，挪威高等教育国际合作与质量提升机构主要致力于加强高等教育领域内的国际合作、项目管理、国际教育会议的组织等。挪威高等教育与技能局负责外国高等教育的认证和高等教育的国际合作项目管理等事宜。外国高等教育认证主要涉及高等教育学位认证、高等职业教育认证及教师资格证认证等。项目管理主要涉及为国际合作项目提供经费并进行管理。目前，该局主要负责的国际合作项目有Intpard项目、Utforsk项目、Norpart项目及北极研究等。Intpart项目主要是挪威与选定的一些国家建立高等教育与研究合作关系。目前，该项目合作的国家有巴西、加拿大、中国、印度、日本、俄罗斯、南非、韩国及美国。Utforsk项目为挪威高等教育机构提供经费，支持挪威高校加强与巴西、加拿大、中国及美国等国家高校在共同感兴趣的领域进行国际合作并提高课程的质量与实用性。Norpart项目主要促进挪威高校和全球南部一些国家高校的学术合作与学生流动。北极研究主要鼓励挪威和冰岛的高等教育与研究机构在北极科学研究领域进行合作，该项目由挪威和冰岛外交部资助。

此外，挪威教育和研究部中还设有高等教育、研究及国际事务部门(Department for Higher Education，Research and International Affairs)，专门负责教育合作战略的实施及具体事宜。在科技合作方面，挪威与南非、日本、美国、印度、法国和中国签订了双边合作协议，与巴西、阿根廷及韩国签订了谅解备忘录。基于以上一些国家在全球化发展中的重要性及在挪威知识社会进一步发展中的重要性，为了加强与以上一些国家的合作，挪威政府于2015年提出了高等教育与研究的合作战略，即《与巴西、中国、印度、日本、俄罗斯和南非的高等教育与研究合作战略(2016—2020)》(*Panorama-Strategy for Cooperation on Higher Education and Research with Brazil，China，India，Japan，Russia and South Africa 2016—2020*)。该战略到期后，基于该战略的实施情况及挪威政府的相关政策，挪威政府提出了新的合作战略，即《与巴西、加拿大、中国、印度、日本、俄罗斯、南非、韩国和美国的高等教育与研究合作战略(2021—2027)》(*Panorama-Strategy for Cooperation on Research and Higher Education with Brazil，Canada，China，India，Japan，Russia，South Africa，South Korea and the USA 2021—2027*)。与之前的战略相比，这一战略中的合作国家增加了加拿大、韩国和美国。该战略的目的是通过国际化以及与企业的合作，提高挪威高等教育和研究的质量。合作的领域涉及教育和研究合作、学生流动、双边或多边合作、实现联合国的可持续发展目标等。

冰岛的教育、科学及文化部是冰岛高等教育的国家管理机构，在高等教育国际化方面，主要负责高等教育的国际合作和交流。冰岛研究中心(The Icelandic Center for Research，Rannis)负责冰岛高等教育的认证和评估工作。通过评估信息，冰岛政府可以了解高等教育机构的教育质量，并制定提升教育质量的政策。只有教育质量得到保证，冰岛才能推进高等教育国际化的发展。此外，该机构还负责管理冰岛在研究、创新、教育及文化领域的国家基金及冰岛参与北欧、欧盟和其他国际教育合作的项目。北欧的合作项目有Nordplus和NordForsk项目，欧盟的合作项目有著名的伊拉斯谟计划，这都是北欧高等教育国际合作的重要项目。冰岛研究中心还有海外学习信息办公室，为冰岛学生提供海外学习需要了解的各种信息。因此，该机构还提供留学信息咨询服务。

2. 基金会或其他机构

除了国家教育部门外，北欧国家还有一些基金会或其他机构服务于国际教育合作及高等教育国际化。在这方面，瑞典是一个典型代表。本书以瑞典为例进行说明。

瑞典高等教育与研究国际合作基金会是瑞典政府于 1994 年建立的基金会，主要任务是促进瑞典高等教育和研究的国际化。该基金会的工作内容主要是促进国际化方面的知识和能力的发展，并对瑞典大学研究人员、教育工作者和领导层提出的国际化项目进行投资。该机构认为国际化是一种工具，可以提升高等教育和研究的质量，提高瑞典大学的竞争力，从而提升瑞典高校的全球吸引力。此外，该机构重视与新兴国家在高等教育和研究领域建立战略合作关系。

该机构致力于为瑞典高等教育机构和其他相关参与者提供国际化方面的知识资源。首先，该机构通过对国际化趋势进行分析，发布国家报告(包含该国家的高等教育情况及与瑞典高校的合作情况等)、年度报告及高等教育国际化的学术研究论文，为瑞典高等教育和研究机构及其他相关机构提供详细的国际化相关信息。为了提高分析全球高等教育和研究趋势的准确性，该机构还在北美和东亚设立了办事处。这些工作有利于瑞典相关机构准确了解全球高等教育和研究的国际化最新信息，合理判断国际化发展趋势并作出国际化战略选择，有利于这些机构与海外相关机构建立战略合作伙伴关系。

该机构构建了国际化指数，该指数主要基于研究、师生的流动性及非瑞典语授课等方面，对瑞典高等教育机构的国际化进行评估并发布年度报告。国际化指数评估的项目有国际合作发表的论文数占所有发表论文数的比例、流入和流出的学生人数占所有学生人数的比例、外籍博士生人数占所有博士生人数的比例、非瑞典语授课课程数量占总课程数量的比例、获得国外博士学位的员工人数占所有员工人数的比例、有海外读博或海外研究经历的领导人数占所有领导人数的比例。评估结果呈现以上各项评估结果及总评估结果。评估结果用 1 颗星到 5 颗星表示，满分是 5 颗星。评估的目的是提供瑞典高校国际化发展的整体信息，从而基于高校的国际化发展现状，探讨各高校国际化的进一步发展路径。目前在该机构的网站上①，可以查到 2011 年到 2023 年瑞典高校国际化的评估结果。

该机构定期制定发展战略，指导机构的国际化工作。最新的发展战略是 2021 年制定的《2021—2026 年战略》。这一战略提到该机构的工作愿景是成为瑞典的知识资源库，并在高等教育和研究的国际化方面制定计划。该机构的

① https：//www. stint. se/en/stint-internationaliseringsindex/

具体工作目标涉及以下内容：推动瑞典高等教育机构的全面国际化；发挥机构在国际化问题上的领导作用；推动国际化知识和技能的发展；投资国际合作项目；与具有重要战略意义的国家建立教育和研究伙伴关系；提升瑞典高等教育和研究机构人员的国际化素养(international competence)；提升管理层的国际视野并拓宽管理层的国际关系网络等。该机构在国家层面致力于瑞典高等教育和研究的国际化发展，工作内容涉及国际化的众多方面。由此可见，瑞典政府是从国家层面推动高等教育的全面国际化(comprehensive internationalisation)发展。

最后，该机构还为国际化项目提供基金支持。自 1994 年到 2022 年，该机构在国际化项目的总投资达 19.93 亿瑞典克朗。2022 年投资达 3400 万瑞典克朗。目前，该机构的基金资助项目主要有 3 个，分别是国际化战略资助(Strategic Grants for Internationalisation)、STINT 国际博士后(STINT International Postdoc)和教学休假(Teaching Sabbatical)。国际化战略资助面向大学领导层，支持学校的发展战略，从而推动全面国际化。STINT 国际博士后项目鼓励获得博士学位两年内的研究人员到欧盟及欧洲经济区之外的国家从事至少 1 年的博士后研究工作。这些研究人员可以体验欧洲之外的大学研究环境，扩大与这些国家学术网络的联系。教学休假项目主要是为了促进教学的国际化。瑞典高校的副校长向该机构提交提名，被提名者主要是瑞典高校的研究人员和讲师，这些人员可以在秋季学期休假，去国外合作院校从事教学或合作教学工作，获得国际化教学的经验，促进瑞典高校的教学改革。目前与该机构的合作院校有以下 11 所：美国的阿默斯特学院、俄亥俄州立大学、得克萨斯大学奥斯汀分校、加利福尼亚大学伯克利分校、加利福尼亚大学洛杉矶分校、亚利桑那州立大学、威廉姆斯学院；新加坡的南洋理工大学和新加坡国立大学；中国的香港中文大学；日本的东京大学。从以上合作院校名单可以看出，除美国的高校外，亚洲高校也是重要的合作伙伴。这说明瑞典看到了这些国家高等教育和科研的发展，意识到这些国家在全球高等教育和科研领域的重要性。与这些国家高校建立战略合作伙伴关系，有利于拓宽瑞典高等教育的国际合作网络。除了该基金会设立的项目外，该基金会还与日本学术振兴会(Japan Society for the Promotion of Science，JSPS)合作，鼓励瑞典科研人员赴日本进行人文社科及自然科学学科的学术研究。日本学术振兴会提供奖学金，鼓励科研人员在日本进行为期 1 个月到 12 个月的博士后研究。

(三)院校层面的国际化管理机构

在院校层面，与别的国家高等教育机构一样，北欧高校也设有专门负责国际化事务的行政管理机构。但是，在不同的北欧高校，这种管理机构的名称不一样。

与我国高校一样，有些北欧高校设有国际处，负责学校的国际事务，如冰岛大学。冰岛大学的国际处(International Division)负责管理冰岛大学的师生国际交流、国际学术网络及与伙伴院校之间的合作等国际事务。学生交流包括其他国家高校的学生来冰岛大学交换或实习及冰岛大学学生的海外交流、实习及海外暑期课程等。目前，冰岛大学的学生可以参加很多国家高校提供的暑期课程，如北欧高校提供的暑期课程，以及美国的斯坦福大学、哥伦比亚大学、中国复旦大学的北欧中心及印度的北欧中心开设的暑期课程。

有些高校从学校到院系分别设立了负责国际化的专员和国际关系办公室，如瑞典皇家理工学院。该校特别重视学校的国际化发展。首先，学校专门设有国际关系办公室(International Relations Office，IRO)，负责协调各院系在教育和师生流动方面的国际合作。国际办公室的人员分为四组，分别负责以下四个具体领域的工作：国际招生、流动与合作、项目支持和电子信息科技。该校的每个学院还设有一名国际协调员，负责交换生接收和双学位等相关事宜。另外，该学校还配备了地区顾问，专门负责与相应地区的合作院校之间的合作交流。地区顾问目前有11名，分别负责非洲(1人)、澳大利亚、日本和韩国(1人)、中国(1人)、欧洲(1人)、印度(2人)、拉丁美洲(2人)、南亚(1人)、美国和加拿大(2人)。在研究合作方面，瑞典皇家理工学院重视与特定地区的合作。目前，中国、印度、南亚和巴西是该校选择的重点科研合作国家或地区。最后，学校还重视提升学生的语言能力和交际能力。为了提高师生的语言能力、全球素养和工程领域的交际能力，瑞典皇家理工学院的语言和交流部门(Unit of Language and Communication)为学校师生提供多种语言课程。目前，该部门提供的语言课程有英语、法语、日语、中文、西班牙语、德语和瑞典语。这些语言课程主要是为了帮助学生掌握职业领域中所需要的语言技能。在工程领域交际方面，该部门提供了科学论文写作、跨文化能力、修辞、研究者陈述技能等课程。教师或者课程负责人还可以选择定制的讲座或课程包，如工科写作、口语交际、书面语交际等。此外，该部门还负责颁发全球胜任力资格证的相关事宜。这一资格证与学位证同时签发，证明该校的学生具有从事国际工作的能力。这说明学校重视国际化人才的培养。可以看出，瑞典皇家理工学院的国际化管理分工非常明确，既有学校统一的国际关系办公室，又有院系层面的国际化的管理人员。此外，根据合作的区域，还设有专门的工作岗位和专人负责具体的合作交流事宜。层层合作，共同推动学校的国际合作和交流。

二、国际学生招生信息平台

为了方便国际学生了解相关高等教育政策及招生信息，北欧各国在国家层面构建统一的海外招生信息平台，便于国际学生查看具体信息。各国的国际学生招生平台具体网址如表 6.3 所示。

表 6.3　北欧各国国际学生招生信息平台

国家	国际学生招生信息网站网址
瑞典	https：//studyinsweden. se/
丹麦	https：//studyindenmark. dk/
芬兰	https：//www. studyinfinland. fi/
挪威	https：//studyinnorway. no/
冰岛	https：//study. iceland. is/

瑞典的国际学生招生信息网站内容十分丰富，几乎包含了留学生需要查询的所有信息。网站内容主要涉及学习计划、走进瑞典和学生博客等内容。在学习计划版块中，学生可以找到瑞典高等教育介绍、学位项目、申请流程、奖学金、学费生活费等信息。学生可以通过学科领域或者高校找到具体的学习项目。该网站上还有 39 所大学的网页链接及地区分布信息。学习项目涉及文科和理工科多个学科领域。在学科领域版块，学生可以看到所有提供该学科领域学位项目的高校。学位项目涵盖本科、研究生和博士阶段。在申请部分，通过链接，学生可以进入瑞典大学入学申请网站，非常方便。在走进瑞典版块，学生可以看到瑞典生活方式、签证、住房、瑞典语学习及工作实习等内容。学生博客部分有来自不同国家的学生分享在瑞典高校就读的体验，有意向申请瑞典高校的留学生可以从就读学生的视角了解瑞典的学习和生活。

丹麦的国际学生招生信息网站分为在丹麦学习、计划学习、学习项目、丹麦生活、毕业后在丹麦工作等内容。丹麦学习版块涉及丹麦概况、教育、学生生活及留学生的视频和文章。这部分内容让国际学生在申请丹麦高校之前，能对丹麦的基本情况有所了解。计划学习版块涉及国际学生可以学习的学位项目、丹麦高等教育机构介绍、申请方法、学费及奖学金等内容。通过这部分内容，学生可对丹麦高校留学的具体信息有所了解，从而选择适合自己的院校。在学习项目版块，学生可以根据教育机构、学位和学科信息进行搜索，获得具体的专业信息。每一个专业都有具体的专业介绍，其中涉及学制、学分要求、高校名称、学费、职业机会、必修课程、录取条件等。网站对每一所高校都有具体的院校信息介绍、为国际学生提供的学位项目或交换项目及学校官方网址链接。目前，全丹麦高校可以提供560个英语授课学位项目，所以国际学生可以选择的范围很大，并且不用担心不懂丹麦语的问题。丹麦生活版块涉及签证、医疗、住房、丹麦语学习、生活费用、银行、学生工作及交通等内容。毕业后在丹麦工作版块提供了与就业相关的网站。可以说，丹麦的国际学生招生信息网站充分考虑到了国际学生留学前、留学中及留学后需要了解的各种信息，非常人性化。

芬兰的国际学生招生信息网站主要分为大学、入学、奖学金、芬兰生活及学生故事5大版块。大学版块主要涉及芬兰13所大学和22所应用技术大学。学生可以通过大学类型、学位及学习领域进行搜索。每一所大学都有具体信息介绍及网址链接。入学版块包含学位项目、学士、硕士及博士的录取和学费等信息。奖学金版块涉及芬兰的奖学金，包括本科硕士阶段的奖学金及博士阶段的基金。芬兰生活版块提供了芬兰的居留许可、住房及工作的信息。学生故事版块中有来自不同国家留学生的留学故事。通过这些故事，新生可以近距离对芬兰的具体留学生活有所了解。

通过挪威的国际学生招生信息网站，学生可以了解去挪威学习的优势、学习机会(交换项目和学位项目)、费用及要求、奖学金及兼职工作等。去挪威学习的优势涉及高质量教育、挪威生活方式及工作机会3个方面。学生从教育层次、专业领域、地区及教育机构4个方面进行搜索，可获得具体的招生信息。教育层次包含本科和硕士。专业领域分为人文学科、工程制造及建造、自然科学、数学及统计、商业管理及法律等11个领域。依据地区，挪威的教育机构分为挪威东部、西部、南部、北部及中部的共25家高等教育机构。目前，挪威总共有369个面向国际学生的学习项目。本书以硕士学位的自然科学、数学及统计学科为例进行具体说明。我们在教育层次选择硕士，学科领域选择自然科学、数学及统计学科，地区和教育机构选择全部进行搜索，就会看到全挪威高校总共有43个相关硕士学位项目。从搜索结果中，可以看到提供这43个学位项目的学校名称、学校地理位置、专业名称、学习年限等具体信息。点击专业名称，就会出现该专业的具体介绍，包含专业简介、入学要求及院校申请的英文网页链接。费用及要求部分涉及生活成本、奖学金、兼职工作、学习许可及入学要求等内容。国际学生在该网站很容易获取挪威高等教育的整体信息、拟申请专业的挪威高校信息及申请网页链接等。总体来看，该网站信息量大，便于学生检索。

冰岛的国际学生招生信息网站分为冰岛学习、冰岛生活和实用指南3大版块。冰岛学习版块包含冰岛的教育体系、大学、入学要求、学习项目、暑期学校及奖学金等信息。冰岛生活版块包含居留许可、住房、医疗保险、工作及学生生活等内容。实用指南版块包括银行、冰岛语学习、冰岛气候及旅游等信息。冰岛国家比较小，全国只有8所高校，但是这个国际学生招生信息网站依然提供了丰富的实用信息。

总体来看，北欧国家特别重视国际招生。全国统一的国际学生招生信息网站的建立，给各国提供了一个统一的向外发布招生信息的平台，成为了北欧国家和国际学生之间沟通的桥梁。通过网站，学生可以查找教育政策、院校信息及申请信息等。基于这些信息，学生可以从中选择心仪的院系和专业进行申请。此外，从以上对各国招生网站的介绍可以看出，北欧国家特别人性化，充分考虑到学生在入学前、入学后和生活中甚至毕业后的各种需求，提供了大量信息。一方面，学生通过一个平台就可以找到自己需要的各种信息，并且这些信息由官方发布，比较可靠，大大节约了学生的时间成本；另一方面，人性化的网站设计又可以为北欧国家吸引更多留学生，提升北欧高等教育的国际化水平。此外，国际学生的到来为北欧国家输入了国际化的高素质人力资源。在知识经济背景下，这些人力资源最终将促进北欧国家社会经济的发展。

除了建立统一的招生信息网站之外，北欧国家还特别重视海外的教育宣传，如在海外社交媒体和网络平台上进行宣传。本书以芬兰为例进行说明。除了在国内建立统一的国际招生信息平台之外，芬兰还将该平台扩展到海外社交媒体和网络平台。芬兰在经合组织的PISA测试中取得的优异成绩，使芬兰教育为全球所知，开创了芬兰教育的神话时代。芬兰教育被认为是世界上最好的教育之一。因此芬兰特别重视教育输出，教育已成为芬兰在全球的一个知名品牌。或者可以说，优质的教育已成为芬兰的国家形象。20世纪末，随着中国经济的发展及人民收入水平的提高，留学进入平民化阶段，海外留学不再是遥不可及的梦想。为了吸引中国学生，芬兰教育和文化部在中国的新浪微博上注册了“芬兰留学”(Study in Finland)的账号，目前该账号已经有约6000名粉丝。通过该微博账号，中国学生可以了解芬兰各高校的招生政策、校园生活、在芬兰留学的中国学生生活等。这些内容图文并茂，十分丰富。除了微博账号，芬兰教育和文化部还创立了“留学芬享”(*Study in Finland*)的微信公众号及视频号，详细介绍芬兰高等教育与留学的相关信息。由此可见，芬兰特别重视教育输出。高等教育国际化已经成为芬兰国家层面的追求。

第三节 语言规划及语言政策

在大学的发展历史中，语言选择与大学所处的不同历史发展阶段相对应。挪威学者布尔(Bull)认为从中世纪到20世纪末，大学主要经历了三个发展阶段。第一个阶段指的是17世纪到18世纪的大学。他将这一阶段命名为“康德大学”(Kantian University)。在这一阶段，大学使用的语言是拉丁语。第二个阶段是“洪堡大学”(Humboldtian University)，指18世纪末到20世纪末的大学。这一阶段大学的语言主要是民族国家语言。第三个阶段是20世纪末之后的大学。布尔没有给这一阶段的大学确定一个特定名称，而是建议这一个阶段的大学可被称为“后国家大学”(Post-National University)、“管理大学”(Management University)、“全球大学”(Global University)、“新殖民大学”(Neocolonial University)。这一阶段的大学倾向于使用英语。英语也被称为“新拉丁语”(The New Latin)①。

第三个阶段其实就是高等教育国际化发展阶段。在这一阶段，高校不仅是本国的高等教育机构，也是全球教育市场中的一员。在这种背景下，高校要面向全球招生。这既是新自由主义的影响和高等教育市场化的结果，也是高等教育国际化发展的必然要求。因此，国际学生的人数大量增加。此外，国际教师的人数也在增加。在教师招聘上，那些国际化程度比较高的高校都是面向全球招聘，吸引全球优秀人才为学校的发展服务。随着师生结构的国际化发展，高校变成了一个多语言社区(multilingual community)。多种语言构成了高校丰富的语言资源，有助于师生跨文化交际能力的提升。但是，语言有时也会成为一个问题，如英语的过多使用会影响本国语言的地位。这种情况在非英语母语国家尤其突出，如北欧。在这种背景下，语言规划和语言政策就变得十分必要。

一、高校语言规划及语言政策

语言规划与语言政策是社会语言学中的一个分支，指对社会上的语言问题进行管理及制定的政策。语言规划及语言政策的主体一般是政府，如官方语言的确立和外语教育语种的选择一般都是国家政府部门的工作。这也是狭

① Mortensen, J, Haberland, H. English—the new Latin of academia? Danish universities as a case[J]. International journal of sociology of language, 2012, (216): 175-176.

义上的语言规划与语言政策。随着该研究领域的发展，广义上的语言规划与语言政策涵盖了宏观、中观和微观层面上的语言管理。宏观层面的语言管理一般指国家层面的语言管理，如外语语种的选择。中观层面的语言管理一般指企业和教学机构的语言管理，如高校课程授课语言的选择。微观层面上的语言管理有课堂语言政策和家庭语言政策，如一个跨国婚姻家庭规定家庭成员在家里使用哪种语言进行交流，这就是家庭语言政策。

高校层面的语言规划与语言政策属于中观层面的语言管理。挪威卑尔根大学外语系的赵守辉教授认为“广义的高等教育语言规划可以涵盖一切发生在大学校园的语言生活，包括课程语言、教学媒介语、校园语言(如语言景观等)，还包括学术发表语言和大学行政语言”①。上海外国语大学的赵蓉晖教授认为高校语言政策主要包括教学语言政策和目标语言政策②。教学语言政策主要指授课语言(medium language of instruction)。一般情况下，国家的授课语言都是国家的通用语言，如我国一般使用普通话作为授课语言。在高等教育国际化发展中，很多国家开始选择国际通用语言作为授课语言。目前，由于英语的国际语言地位，所以各高校开设大量的英语授课课程或者全英文授课学位。这样做既是为了吸引国际学生，也是为了提高本国学生的双语能力。在世界知识体系中，存在着中心和边缘，即中心—边缘理论。该理论认为美国等发达国家居于世界知识体系的中心，而其他国家处于边缘位置③。这些国家既包括发展中国家，也包括芬兰等北欧发达国家。因此，英美国家高校由于语言及国际教育等优势一直是国际学生的主要留学目的地。而其他国家，包括北欧等发达国家，都处于边缘位置。在这种背景下，对于非英语国家来说，本国语言不具有优势，为了吸引国际学生，就必须使用英语作为授课语言。此外，使用英语授课也是课程国际化的内容，属于高等教育国际化中的在地国际化。目标语言政策指语言课程语种的选择，如一所高校教授的外语语言课程都包括哪些语种。这既包括外语专业的语言课程，也包括非外语专业的公共外语课程。外语专业语种的选择会影响国家外语语言能力的建设。而非外语专业语言课程会影响这些专业学生获取相应语种的文献资料及去非英语国家交换。比如，哲学专业的学生需要具有一定的德语基础，以

① 赵守辉．主持人语：高校语言政策与实践：语言规划的前沿课题[J]．语言战略研究，2021，6(02)：12.

② 文秋芳，陈坚林，柯安竹等．“高校语言政策”多人谈[J]．语言战略研究，2021，6(02)：67－75.

③ 李盛兵．高等教育国际化研究[M]．北京：科学出版社，2019：15.

便阅读德语哲学文献。在高等教育的国际化发展中，学生交换是在全球高校之间进行的。如果学生懂一些交换国家的语言，生活上将变得十分便利，因为有些国家的国民英语水平并不高。在北欧这种国民英语水平普遍较高的地区，不会本地语言完全不影响生活。但是如果会本地语言，生活会便利很多。根据笔者的亲身经历，当地的很多公共标识并没有英语翻译，如果不会本国语言，那么只能借助翻译软件进行翻译，这就比较耗费时间。另外，北欧地铁和火车等交通工具上也没有英语广播，如果不会当地语言，遇到火车晚点或者别的突发情况，完全听不懂广播内容，就只能求助于其他乘客。此外，不会当地语言也无法深度体验交换国家的语言、社会和文化。

二、北欧高等教育的语言规划与语言政策

北欧高校很重视学校的语言规划与语言政策，主要原因有以下几点。首先，北欧地区重视区域合作。北欧部长理事会是北欧国家合作的平台，就各国关心的问题进行协商。在语言管理上，北欧部长理事会分别于 2006 年和 2018 年发布了《北欧语言宣言》和《北欧高校并行语言使用的最佳实践：11 条建议》(简称为《11 条建议》)，确立了北欧社会和高校语言使用的原则，即并行语言使用原则。这一原则指英语和北欧语言可以同时在同一领域中使用。其次，北欧国家重视语言管理。冰岛是全球语言保护的典范，重视冰岛语言的保护和传播。冰岛大学重视冰岛语言的使用与传播。这部分内容上文已经提到，这里不再赘述。最后，北欧很多高校都出台了高校语言政策，确立了学校的语言使用原则。

(一)北欧部长理事会的高等教育语言规划

北欧部长理事会对高等教育的语言规划主要体现在《北欧语言宣言》《北欧高校并行语言使用的最佳实践：11 条建议》中。

1.《北欧语言宣言》

《北欧语言宣言》对并行语言使用的定义是："多种语言可以同时出现在一种或者多种场合，没有哪种语言可以废除或者取代另一种语言，它们是并行使用的"①。并行语言使用的原则不仅适用于北欧语言之间，而且适应于北欧语言和英语的并行使用。该宣言认为北欧居民的英语水平比较高，这有利于

---

① Nordic council of Ministers. More parallel, please! best practice of parallel language use at Nordic universities: 11 recommendations [EB/OL]. [2023 - 10 - 2]. http://norden.diva-portal.org/smash/get/diva2:1203291/FULLTEXT01.pdf.

北欧居民在某些领域并行使用英语和一种或多种北欧语言。在英语和北欧语言的具体使用方面，《语言宣言》作出了以下具体规定。

"... that it be possible to use both the languages of the Nordic countries essential to society and English as language of science;

that the presentation of scientific results in the languages of the Nordic countries essential to society be rewarded;

that instruction in scientific technical language, especially in written form, be given in both English and the languages of the Nordic countries essential to society;

that universities, colleges, and other scientific institutions can develop long-range strategies for the choice of language, the parallel use of languages, language instruction, and translation grants within their fields."

"可以同时使用北欧国家的语言和作为科学语言的英语；

使用北欧语言介绍对社会至关重要的科学成果。这种行为值得奖励；

在科技语言教学中，尤其是书面语言方面，应使用英语和北欧语言；

大学、学院和其他科研机构可以在其领域内制定有关语言选择、语言并行使用、语言教学和翻译补助金的长期战略。"

（《北欧语言宣言》，2006）

从以上规定可以看出，《语言宣言》鼓励英语和北欧语言在高校的并行使用。英语是科学语言(language of science)，所以应该鼓励英语在高等教育中的使用。北欧语言对北欧社会至关重要，所以应该使用北欧语言向社会介绍科学成果。该宣言从宏观上对英语和北欧语言的使用作出了规定，但是具体的语言选择及语言使用实践还是由高校决定的。

2.《北欧高校并行语言使用的最佳实践：11 条建议》

2014 年，北欧部长理事会成立了调查小组，调查北欧地区大学的英语和当地语言的使用情况，并探讨了在国际化发展和并行语言使用之间存在的问题。基于调查结果并在借鉴荷兰和卢森堡等国家高校语言使用经验的基础上，该小组于 2018 年提出了提升高校的双语和多语实践的建议，即《11 条建议》。该文本首先对建议的具体内容进行了简要总结，具体内容如下。

(1) Every university should have a language policy;

(2) Every university should have a language policy committee;

(3) Every university should have a language centre;

(4) Staff recruited abroad should be offered courses in the teaching language, common speech and language for special purposes;

(5) Various categories of students should be offered language courses, following needs analyses;

(6) Lecturers and researchers should be offered language courses, following needs analyses;

(7) Universities should choose their teaching languages based on the principles of parallel language use and the "international classroom";

(8) University language policies should also cover the language used in the administration;

(9) The universities should monitor and regularly reassess the choice of language for publications;

(10) University language policies should also cover the language used in dissemination of knowledge, outreach and external communication activities;

(11) Language policies should include developing digital language—support resources at every university.

(1)每所大学都应制定语言政策;

(2)每所大学都应设立语言政策委员会;

(3)每所大学都应设立语言中心;

(4)学校应为招聘到的国外教职员工开设教学语言、日常用语和特殊用途语言的课程;

(5)根据需求分析,为各类学生开设语言课程;

(6)根据需求分析,为讲师和研究人员开设语言课程;

(7)大学应根据并行语言使用和"国际课堂"的原则选择教学语言;

(8)大学语言政策还应包括行政管理中使用的语言;

(9)大学应监督并定期重新评估出版物语言的选择;

(10)大学语言政策还应该包括知识传播、对外联系和交流活动中使用的语言;

(11)语言政策应该涉及在每所大学开发数字化的语言支持资源。

(《北欧高校并行语言使用的最佳实践:11条建议》)

以上建议充分考虑到了高校语言管理中的各种内容,涉及语言政策及管理机构、语言课程的开设、教学语言的选择、行政管理语言的选择及出版物语言的选择等。这些建议对北欧高校语言政策的制定具有很大的参考价值。

在语言政策方面，《11条建议》认为高校应充分考虑国际化政策、国家语言政策及高校职能，并把这些内容融入到高校语言政策；语言政策应该包括高校行政管理中的语言使用内容；此外，语言政策文本的语言应该是并行语言。《11条建议》认为冰岛大学、赫尔辛基大学还有哥本哈根大学的语言政策或语言战略比较好，值得其他高校学习。语言政策委员会的职能是监测语言政策的执行并负责对政策内容进行修正。

语言中心的职责是负责语言政策的实施。首先，语言中心为学生提供研究所需要的语言课程。其次，语言中心为教师提供本地语言课程和语言翻译及语言修订的服务。再次，语言中心负责学校开设的语言课程及英语授课课程的质量。这主要是由语言中心负责或者语言中心与语言学院等相关部门共同负责。最后，语言中心负责数字化语言资源的建设。

《11条建议》认为语言课程的开设应该充分考虑到师生的需求。不同类型的学生对语言课程的需求是不一样的。北欧高校的学生群体除了本地学生，还有攻读学位的国际学生及只是交换一段时间的交换生。多样化的学生群体必然有多样化的语言需求。短期交换的国际学生可能有学习本地语言的需求；国际学位生除了要掌握学术英语之外，还可能有学习本地语言的需求；本地学生除了学术语言(本地语言和英语)，还可能有学习其他语言的需求。例如，本地学生去境外高校交换前，很有可能想学习交换学校所在国家的语言。对于教师来说，不管是本地教师还是国际教师，都需要具备并行使用英语和本地语言的能力。此外，在教学语言方面，师生都必须具备授课语言的语言能力，否则无法保证课程质量。

语言的并行使用是北欧高校语言使用的基本原则。但是，这并不意味着在任何教学活动或者场合下，都必须同时使用两种语言或者说两种语言同等重要。例如，在本科阶段，本欧高校基本使用本地语言进行授课。在研究生阶段，英语授课的学位或课程增多。但是，在使用本地语言授课的情况下，也可能存在使用英语教学材料的情况，反之亦然。学术成果的发表可以使用英语，也可以使用本地语言。一般要求学位论文既有英语摘要，又有本地语言摘要。

(二)北欧高校语言规划观

语言观指的是人们对语言的看法。不同的看法会产生不同的语言观。在对语言进行规划时，不同的语言观表现为不同的语言规划观。在语言规划领域，西方的语言规划观主要有鲁伊兹(Ruíz)提出的语言规划的三种倾向

(orientation)和基于语言生态考虑的语言规划的生态观。鲁伊兹(Ruíz)认为，语言规划受三种倾向影响：语言作为问题(language as problem)，语言作为权利(language as right)和语言作为资源(language as resource)。语言作为问题的语言规划观把语言看作导致社会问题的问题，因此语言规划就是要解决语言问题。语言作为权利的语言规划观把语言看作人的一项基本权利，如少数民族使用本民族语言的权利。语言作为资源的语言规划观认为语言是一种社会资源，可以合理利用语言这种资源去实现某种目的。语言生态观认为世界语言和自然界一样，处于一个生态系统中，人们应该维护语言的多样性。

国际化发展促进了高校语言多样性特征的形成，高校的语言规划就涉及多种语言的规划。其中英语和本国语的使用是高校语言规划的主要内容，因为这涉及本国语言的语言地位及进入国际学术圈的问题。在这方面，北欧国家高校通过制定语言政策对高校国际化发展中的语言使用进行了规划。

本书以哥本哈根大学为例对北欧高校语言规划观进行分析。选择该校的原因是该校重视学校的语言规划，学校的语言政策也被北欧部长理事会认为是北欧高校语言政策的典范。在国际化初期，该校的语言规划观是语言资源观，把英语看作实现国际化的资源。后来为了解决英语过多使用而影响丹麦语使用的问题，基于语言问题观，该校提出了“双语并行使用”政策。考虑到英语、丹麦语之外其他语言的使用，基于语言生态观，该校又对这些语言的使用进行了规划，保持了语言的多样性。

(一)语言资源观下对英语使用的规划

语言资源观认为语言是一种重要的资源，需要对其进行规划，“双语或多语能力在国际交流、国家安全、社会和教育等领域有重要的作用”①。

“广义的高等教育语言规划涵盖一切发生在大学校园的语言生活，包括课程语言、教学媒介语、校园语言(如语言景观等)，也包括学术发表语言和大学行政语言②。”高校语言政策主要包括教学语言政策和目标语言政策③。在高校国际化中，课程国际化是重要的方面。“课程国际化是在地国际化的重要组

---

① 王辉. 西方语言规划观的演变及启示[J]. 宁夏大学学报(人文社会科学版)，2009，31(06)：204-208.

② 赵守辉. 主持人语：高校语言政策与实践：语言规划的前沿课题[J]. 语言战略研究，2021，6(02)：12-13.

③ 文秋芳，陈坚林，柯安竹等. “高校语言政策”多人谈[J]. 语言战略研究，2021，6(02)：67-75.

成部分，也是推进在地国际化的核心举措"[①]。课程的国际化表现在课程的目标、内容、实施、评估等方面，既包括正式课程，也包括非正式课程。本部分通过分析哥本哈根大学的授课语言，探讨对英语进行规划时体现出的语言资源观。

20世纪中期，英语进入丹麦高等教育领域，成为研究、合作和学术成果传播的语言。20世纪90年代，英语广泛用于丹麦高校教学和学术指导等领域[②]。欧洲学术委员会于1999年到2015年调查了欧洲非英语国家的英语授课情况并发表了多份报告。根据欧洲学术委员会2002年发表的报告，在英语授课的学位课程占所有学位课程的比例方面，荷兰的比例是12.5%，处在第一位，丹麦排第二位。在所调查的丹麦高校的所有学位课程中，有7.5%的课程是用英语授课的[③]。根据该机构2008年发表的报告，2001年丹麦有42个英语授课项目，到2006年，有96个英语授课项目。2001年，丹麦有0.5%的学生参与英语授课项目，到2006年，这一比例已经上升到3%[④]。根据该机构2014年的调查，丹麦高校在所调查的28个欧洲国家中，提供的英语授课项目最多，38%的学士和硕士学位项目全部用英语授课，12.4%的学生在2013到2014学年接受了英语授课[⑤]。虽然我们无法获取丹麦哥本哈根大学英语授课学位数量的历年变化信息，但是从丹麦高校的整体数据来看，丹麦高校热衷于国际化，英语授课的学位课程数量位于欧洲前列。作为丹麦最高学府之一，哥本哈根大学的国际化课程在丹麦高校中位于前列。根据学校官方网站的信息，2022年，学校的54个硕士学位全部为英语授课。由此可以看出，学校大量开设英语授课课程，促进国际化发展。

---

① 兰思亮，马佳妮. 在地国际化：嬗变、实践与反思[J]. 比较教育研究，2021，43(12)：98－107.

② Henriksen B，Holmen A，Kling J. English medium instruction in multilingual and multicultural universities：academics' voices from the northern European context[M]. New York：Routledge，2019：172.

③ Maiworm F，Wächter B. English-language-taught degree programmes in European higher education-trends and success factors（ACA papers on international cooperation in education）[M]. Bonn：Lemmens Verlags-Mediengesellschaft，2002：27－28.

④ Wächter B，Maiworm F. English-taught programmes in European higher education：the picture in 2007（ACA papers on international cooperation in education）[M]. Bonn：Lemmens Medien GmbH，2008：12－13.

⑤ Wächter，B，Maiworm F. English-taught programmes in European higher education：the state of play in 2014. Bonn：Lemmens Medien GmbH. 2015：40.

(二)语言问题观下对英语和丹麦语并行发展的语言规划

语言问题观把语言看作问题，语言规划是为了解决语言问题。这种观点在第二次世界大战后新兴国家建立时，确定国语和官方语言时期表现得最为明显。在高校国际化发展中，英语的过多使用会影响本国语言的地位。如何处理英语和本国语的使用矛盾就成为了一个问题。基于这个问题的语言规划就是语言问题观下的语言规划。

随着英语在北欧高校的广泛使用，有些人担心英语会威胁北欧语言在一些领域的地位，导致领域丢失。领域丢失指“当国家语言在一个领域使用减少或者不再使用时，国家语言可能会丧失在这一领域的地位和(或者)功能”①。

2000 年前后，北欧地区比较关注北欧的语言政策。也是在这个时期，“并行语言使用”或者“并行语言主义”(parallellingualism)的概念出现。在 2001 年的北欧语言政策会议上，与会代表担心北欧国家语言可能会丧失在学术界的地位，认为并行语言使用有助于增强北欧语言和英语在学术界的使用②。北欧部长理事会于 2006 年发布了《北欧语言宣言》，确立了并行语言使用政策。并行语言使用也第一次正式出现在文件中。并行语言使用指的是“多种语言可以同时出现在一种或者多种场合，没有哪种语言可以废除或者取代另一种语言，它们的使用是并行的”③。该政策起初只适用于北欧地区不同语言的并行使用，后来也适用于北欧国家语言和英语的并行使用。《北欧语言宣言》发表后，并行语言使用成为北欧国家处理语言问题的重要指导原则。在国家层面，瑞典 2009 年发布了《瑞典语言条例》(*Language Act*)，确立了瑞典语的地位，并明确英语是瑞典重要的语言。在高校层面，北欧高校在处理国际化进程中的语言问题时，也采用并行语言使用原则。

英语在高校的过多使用，会影响本国语言的地位，影响本国语言在学术领域的话语权及向国内传播最新学术研究结果。高校既是国际化高校，又是国家教育机构。作为国际化高校，英语的使用是不可避免的。作为国家教育机构，高校又担负着为国家培养人才及向国内传播研究成果的重任，因此本

---

① Gregersen F，Hultgren A K，Thøgersen J. English in Nordic universities：ideologies and practices [M]. Amsterdam：John Benjamins Publishing Company，2014：9.

② Holmen A. Shaping a Danish multilingual university's language policy：gatekeepers and drivers of change [M]//Siiner M，Hult F M，Kupisch T. Language policy and language acquisition planning，language policy (15). Berlin：Springer，2017：2.

③ Nordic Council of Ministers. Declaration of Nordic language policy [M]. Copenhagen：2007：93.

国语言的使用是不可缺失的。为了解决这一问题，哥本哈根大学采用北欧部长理事会提出的并行语言使用原则，解决国际化中的语言问题。哥本哈根大学在 2008 年公布的《2012 年发展目标》(*Destination 2012*)中提到并行语言使用政策，认为该语言政策可以平衡英语和丹麦语的使用，既能促进国际化发展，又能保护丹麦语的地位。哥本哈根大学 2012 年公布的《2016 年发展目标》(*Destination 2016*)继续沿用并行语言使用政策。哥本哈根大学在 2008 年还成立了国际化和并行语言使用中心，专门研究并行语言策略的使用；对教师的英语学术口语进行评估，保证授课教师的英语授课能力；向教师及行政员工和学生提供英语和丹麦语课程。这些课程既有针对多人的语言课程，也有针对个人的语言课程。课程开设的目的是提高教师和学生的学术英语、学术丹麦语或者日常丹麦语的使用能力。为了加强丹麦语的使用，哥本哈根大学还启动了"让我们说丹麦语吧!"项目。该项目提供免费的丹麦语课程，促进丹麦语的使用。在国际员工流动性部门(International Staff Mobility，ISM)，有针对国际研究者的免费丹麦语课 The Dansk Café。此外，哥本哈根大学还提供其他丹麦语课程。英语和丹麦语在哥本哈根大学的国际化发展中同等重要。

(三)语言生态观下对英语丹麦语之外其他语言的规划

语言生态观把语言看作一个生态系统。"生态语言规划追求语言的多样性，是对语言生态系统的整体规划，在规划中将多种因素考虑进来，而不是仅考虑个体语言"①。高等教育学科众多，不同学科的语言需求也有差异，追求语言多样性的语言规划反映了语言生态观。

哥本哈根大学的并行语言使用政策为平衡丹麦语和英语的地位提供了解决方法。但是，不同学科的语言使用差异是由该学科的知识结构决定的②。"对于自然科学，语言是意义的承载者，用于报告量化结果。对于人文社会科学，语言已融入表达的思想和意义中"③。此外，不同学科使用的语言也不

---

① 王辉. 西方语言规划观的演变及启示[J]. 宁夏大学学报(人文社会科版)，2009，31(06)：204－208.

② Kuteeva M，Airey J. Disciplinary differences in the use of English in higher education：reflections on recent language policy developments[J]. Higher Education，(2014) 67：538-539.

③ Airey J，Lauridsen K M，Räsänen A，et al. The expansion of English-medium instruction in the Nordic countries：can top-down university language policies encourage bottom-up disciplinary literacy goals? [J]. Higher Education，2017，73(4)：571.

同。中世纪大学建立时，神学是欧洲大学的主要专业。神学的很多文献是古希腊语。学习和研究神学就需要一定的古希腊语语言能力。

在哥本哈根大学 2012 年公布的 2016 年发展目标中，校方表示继续实施并行语言使用政策，但是也提到了学生有获得除英语之外的其他外语能力的机会。2013 年哥本哈根大学决定实行新的语言政策——《更多的外语给更多的学生》(*More Languages for More Students*)，并且资助一个为期 5 年的项目专门研究英语和丹麦语之外其他语言的使用。“这是校方管理层给出的一个信号，多语主义是高校国际化的一个目标”①。根据哥本哈根大学国际化和并行语言中心的网站内容，这一新的语言政策的总体目标是提高多种语言技能能力，包括英语、德语、法语、阿拉伯语、西班牙语和其他语言以及丹麦语作为第二语言。这种多语主义的管理原则可以看作是生态学方式的语言管理原则②。通过调查、走访、会谈等活动发现学生的真实语言需求，然后组织一些特定的语言活动，满足学生的语言需求。国际化和并行语言中心负责这一语言策略的实施。对语言需求的调查完成后，该校进行了多个试点项目。试点项目所涉及的语言有西班牙语、德语、法语、学术英语、古希腊语、阿拉伯语、拉丁语及丹麦语作为第二语言等。在这几个试点项目中，学科教师和语言中心的语言专家合作，把语言学习融入具体学科课程的学习中，即实现语言和内容融合教学。语言专家负责相关语言教学，学科教师负责学科内容教学。而之前的北欧英语授课课程其实只是使用英语进行教学，语言不是学科学习的目标。这一语言策略考虑到不同学科不同学生的语言需求，从语言规划的角度看，考虑到了学校语言生态中的不同语言，是基于语言生态观、重视语言多样性的语言规划。这种语言生态观反映了国际化高校的过去、现在和未来，既尊重不同学科的语言传统，又把语言与学科内容融合，满足了学生的不同需求。同时，这一语言策略也反映了丹麦社会语言景观的变化，例如，第二次世界大战后，移民和难民进入丹麦，增加了丹麦社会语言的多样性。为了融入丹麦社会，移民需要学习丹麦语。丹麦语对于这些人来说，是作为第二语言使用的。将丹麦语作为第二语言使用的人群，对语言的需求

---

① Holmen A. Shaping a Danish multilingual university's language policy: gatekeepers and drivers of change in Siiner M, Hult F M, Kupisch T. Language policy and language acquisition planning, language policy (15) [M]. Berlin: Springer, 2017: 2.

② Daryai-Hansen P, Kirilova M. Signs of plurilingualism: current plurilingual countermoves in Danish higher education [J]. International journal of bias, identity and diversities in education. 2019, 4(2), 46-47.

与遇到的困难和丹麦本族语者是不同的。此外，这一语言策略也反映了欧盟的多语政策及丹麦政府和企业对高校多语主义的支持。

(三)北欧高校语言政策

在高校的国际化发展中，北欧高校积极制定学校的语言政策，管理校园中的语言使用。总体来看，北欧高校参考北欧理事会对于语言使用的政策及建议，实行并行语言政策，在保护本国语言的同时，鼓励英语及其他语言的使用。北欧理事会认为冰岛大学、哥本哈根大学和赫尔辛基大学的语言政策是高校语言政策的典范。本书以这三所高校的语言政策为例，对北欧高校的语言政策进行分析，目的是通过梳理相关政策文本内容，了解这些高校如何管理教学、科研、管理及服务中的语言使用。

1. 冰岛大学的语言政策

冰岛大学理事会于2016批准了冰岛大学语言政策。该政策在制定时就充分考虑到冰岛大学本地化和国际化的双重属性。作为本地高校，根据《冰岛高等学校法》(The Higher Education Institution Act)，冰岛大学有使用冰岛语向学生和社会传播最新科技知识和技能的义务。因此，学校应当维护冰岛语的学术语言地位，保证冰岛语在所有学科领域都能使用。作为国际化高校，冰岛大学是国际学术共同体的一员，因此要与其他高校在教学、科研及行政管理等方面进行合作，而合作就需要使用国际性语言。目前，英语是主要的国际性语言，因此，国际合作就需要使用英语。

《冰岛大学语言政策》确定了冰岛语和英语的语言地位并规定了冰岛语和英语的使用范围和原则①。在语言地位上，冰岛语是冰岛大学的默认语言(default language)，广泛用于学校的教学、研究和管理。在这里，冰岛语既指书面语，也指口语。除了冰岛语，英语也是重要的语言之一，因为冰岛大学的国际化发展需要使用英语。《冰岛大学语言政策》对政策的实施进行了详细说明。具体的实施办法有18条内容，涉及教学语言和学位论文语言的选择、课程评估、永久教职人员冰岛语的能力要求、参加英语授课课程学生的英语语言能力的要求、手语的使用及冰岛语科技术语词汇的创造等。该政策充分考虑到了教学、科研及行政管理中的语言使用。本书以这三个方面的具体语言政策为例，对冰岛大学的语言政策内容进行说明。

---

① University of Iceland. University of Iceland language policy [EB/OL]. [2023-10-3]. https://english.hi.is/university/university_of_iceland_language_policy.

①教学语言政策

除了语言课程，冰岛大学的教学语言为冰岛语。但是英语授课项目及国际教师讲授的课程可以使用英语作为授课语言。在本科阶段，必修课程原则上应使用冰岛语授课。在研究生阶段，即使某些课程属于英语授课的课程，但如果没有国际学生上课，教师也可以使用冰岛语授课。具体内容如下。

"Icelandic shall be the default teaching language in undergraduate studies, except for language teaching. Teaching in English shall be restricted to programmes where there is a specific reason to teach in English; courses taught by teaching staff who are not native speakers of Icelandic; and courses which must be taught in English due to the University's international collaborative work. Mandatory undergraduate courses, except in language teaching and programmes taught in English, shall as a rule be taught in Icelandic.

Icelandic shall be the default teaching language in postgraduate studies, except in language teaching, although faculties may decide to offer postgraduate programmes partially or entirely in English. If a teacher speaks Icelandic and there are no international students in the class, a faculty may permit teaching in Icelandic despite the course catalogue specifying English as the teaching language."

"除语言教学外，冰岛语应是本科教学的默认语言。英语授课仅限于那些因为特殊原因而必须使用英语教学的课程，比如，由母语不是冰岛语的外国教师教授的课程；以及因大学的国际合作而必须使用英语授课的课程。除用英语授课的语言课程和专业课程外，本科的必修课程原则上应使用冰岛语授课。

在研究生课程中，除语言教学外，冰岛语是默认的教学语言，但各院系可决定开设一些部分或全部使用英语授课的研究生课程。在任课教师会讲冰岛语，而班上又没有国际学生的情况下，即使课程目录规定该门课程的授课语言是英语，学院仍然允许使用冰岛语授课。"

（《冰岛大学语言政策》，第 4 条和第 5 条）

②科研语言政策

科研方面的语言政策主要涉及学位论文的语种、科研成果的传播及冰岛科技术语的创造等方面。博士论文主要使用英语撰写，在一些情况下也可以使用冰岛语撰写。教师有职责使用冰岛语向学生和社会传播学术知识和科研成果。此外，教师还应该积极创造与所在学科领域英语术语对应的冰岛语术语。这样既可以保护冰岛语作为学术语言的语言活力，也便于冰岛社会了解最新的科技术语。具体政策内容如下。

“Even though English is the main language of doctoral theses, they may be written in Icelandic if the doctoral student so wishes, faculty rules permit and circumstances allows.”

“虽然英语是博士论文的主要使用语言，但是在博士生愿意、学院相关规定允许并且条件允许的情况下，也可以使用冰岛语撰写博士论文。”

（《冰岛大学语言政策》，第 6 条）

“teaching staff shall be encouraged to communicate their knowledge to students and the general public in Icelandic through books, articles, teaching material and other channels. Academic books and journal articles in Icelandic shall be eligible for service points as well as research points.”

“学校鼓励教师使用冰岛语并通过书籍、文章、教材和其他渠道向学生和公众传播知识。用冰岛语撰写的学术著作和期刊论文可获得学校的服务积分和研究积分。”

（《冰岛大学语言政策》，第 12 条）

“Teaching staff shall be encouraged to work on creating Icelandic terminology within their academic field and communicating this terminology to students and the general public. Individual subjects and disciplines shall see to the systematic creation of terminology and glossaries, each in their own field. Teaching staff shall also be encouraged to translate academic works, teaching material and literature into Icelandic. It shall be possible to reward teaching staff within the University Evaluation System for work of this nature.”

“学校鼓励教学人员在其学术领域内努力创造冰岛语术语，并让学生和公众知道这些术语。各学科和专业应该在各自的领域内系统地创建术语和词汇表。学校还鼓励教师把其他语种的学术著作、教材和文献翻译成冰岛语。学校进行评估时，将对从事此类工作的人员进行奖励。”

（《冰岛大学语言政策》，第 13 条）

从以上内容可以看出，冰岛大学很重视冰岛语在冰岛学术领域的地位。学校在论文撰写、知识和科研成果的传播及科技术语的创造等方面，鼓励使用冰岛语并将此纳入学校的评估考核奖励体系。在高校科研的国际化中，如何保护本国语言的语言地位是非英语国家高校普遍面临的一个问题。科研的国际化既需要使用国际化的语言，也需要维护本国语言的语言地位。冰岛大学通过语言政策，从学校管理层面，提出了冰岛大学的解决方案。

③行政语言政策

冰岛大学在行政工作中使用的语言是冰岛语。学校签发的文件或会议通知等使用的都是冰岛语。在某些情况下，也有英文版本。具体内容如下。

"All meetings and other operations of University departments, faculties and schools, as well as committees in the University administration, shall be conducted in Icelandic wherever possible."

“学校各部门、院系及大学行政委员会的所有会议和其他活动应尽可能使用冰岛语。”

（《冰岛大学语言政策》，第 14 条）

"Written documents within the University administration, such as official information issued by the University or its units, e.g. meeting notices, meeting minutes, invitations to lectures, event announcements etc., shall always be in Icelandic, although an English version shall be included where appropriate. Individual meeting documents may, however, be in a foreign language in certain circumstances."

“学校行政部门的书面文件，包括学校及其下属单位签发的文件，如会议通知、会议记录、讲座邀请函及活动通知等，应始终使用冰岛语。但在适当情况下，也应该有英文版本。在某些情况下，个别会议文件可以使用外语。”

（《冰岛大学语言政策》，第 15 条）

除了以上内容，冰岛大学还规定担任长期教职的国际教师和行政人员必须在工作中能使用冰岛语。学校为这些人员提供了免费的冰岛语课程。因此，冰岛大学特别注重国际员工的校园和社会融入。此外，冰岛大学的语言中心还为本地师生提供了学术英语课程。学术英语课程属于博士生必修课程。开设这些课程是为了提升冰岛本地师生在国际化工作和学习环境中的语言能力。总体来看，冰岛大学的语言政策特别维护冰岛语的语言地位。

2. 丹麦哥本哈根大学的语言政策

哥本哈根大学校董事会于 2021 年 1 月通过了《哥本哈根大学语言政策》(*Language Policy for the University of Copenhagen*)。这是学校最新的语言政策，是学校 2023 年发展策略的一部分。该语言政策规定了 10 项语言使用原则，主要涉及员工的语言能力、学校工作中的语言使用及学校教育中的语言使用等内容①。这些语言使用原则对丹麦语、英语及其他语言的使用进行了详细说明，有助于学校创建良好的语言使用环境，有利于学校的国际化发展。除了颁布语言政策外，学校还发布了《哥本哈根大学语言政策背景》(*Background for a Language Policy for the University of Copenhagen*)，详细阐述了语言政策制定的背景、每一条语言使用的原则和具体实施建议。学校的国际化和并行语言使用中心对语言政策中的每一条原则进行了详细说明并提供了实施建议和相关资源。这些内容可以在该中心的网页上查看②。本书基于这些内容，对该校的语言政策进行分析。

①员工的语言能力

该校要求所有员工具备一定的英语语言能力。在这里，员工包括博士生，因为北欧高校实行的是岗位制博士制度，博士生属于学校的员工。国际员工，除了英语之外，还必须具有一定的丹麦语语言能力。为了提高员工的语言能力，学校开设了相应的语言课程。以下是这方面政策的部分内容。

"All employees at UCPH must have English-language skills that match the level of English that is necessary to perform their job and to participate in general work-related activities. Paid English-language courses must be offered by the department /unit where necessary."

"哥本哈根大学的所有员工都必须具备一定的英语技能。这些英语技能应与员工参与的工作及其相关活动所需的英语能力相匹配。必要时，所在院系必须开设付费的英语课程。"

"In general, it is expected that tenure-track assistant professors, associate professors and professors are able to contribute to teaching in

---

① University of Copenhagen. Background for a language policy for the University of Copenhagen [EB/OL]. [2023 - 8 - 3]. https://cip.ku.dk/english/about_cip/about_parallel_language_use/UPCH_Background_and_action_plan_for_language_policy_2021.pdf.

② 国际化和并行语言使用中心(Centre for Internationalisation and Parallel Language Use)的网址为 https://cip.ku.dk/english/implementation_of_language-policy/。

Danish after 3～6 years, including grading and supervising students—at a level of skills that corresponds to the teaching they are to undertake… to be offered paid, targeted Danish-language courses, preferably on campus.”

“一般来说，学校希望获得终身教职的助理教授、副教授和教授在3～6年后能够为丹麦语教学作出贡献，包括给学生评分和指导学生。这些教职工的丹麦语能力应与所承担的教学工作相适应……学校应为其提供有针对性的付费丹麦语课程。”

（《哥本哈根大学语言政策》第3页）

从以上内容可以看出，哥本哈根大学很重视员工的英语能力。这一点与冰岛大学不同，因为冰岛大学的语言政策更强调冰岛语的使用。哥本哈根大学重视英语能力是为了让员工更好地适应国际化工作环境。为了提高员工的英语能力，学校国际化和并行语言中心提供与工作内容相关的量身定制的英语课程。该中心开发了英语口语能力测试，对教师的英语教学能力进行评估。学校从2009年开始这项测试，如果成绩合格，教师可以得到英语教学能力资格证书。在重视英语能力的同时，学校也重视员工的丹麦语语言能力。这样做是为了让国际员工更好地融入学校，与本地师生更好地沟通交流。只有深度融入学校的各项工作，国际员工留在学校工作的时间才可能更长，这样学校就可以留住人才。此外，这也是为了便于向丹麦公众传播学术成果。学校国际化和并行语言中心及院校向国际员工提供多种丹麦语课程或非正式语言训练①。因此，哥本哈根大学很重视员工的语言能力，并通过相关课程提高员工的语言能力。

②学校工作中的语言使用

哥本哈根大学强调所有员工都应参与学校的各项工作。因此，在会议语言和材料方面，学校实行比较灵活的语言政策，要求会议通知应注明会议使用的语言。学校的行政文件和网络管理系统等都必须有丹麦语和英语两种版本。学校要求所有层面的管理工作都必须高度重视语言问题，因为语言问题与国际化、国际招生、工作环境及教育质量等息息相关。以下是部分政策内容。

---

① University of Copenhagen. Background for a language policy for the University of Copenhagen[EB/OL]. [2023-8-3]. https://cip.ku.dk/english/about_cip/about_parallel_language_use/UPCH_Background_and_action_plan_for_language_policy_2021.pdf.

"For all standing committees, each department/unit should agree on and write down clear procedures for language choice at meetings and in meeting material (to be updated when the composition of members changes)... the language of the meeting must be decided on and reasoned before the meeting, and the meeting language must be indicated on the meeting notice."

"对于所有常设委员会，各部门/单位应就会议和会议材料中的语言选择达成一致并制定明确的程序(当成员组成发生变化时应及时更新)……必须于会前决定使用哪种语言作为会议语言并说明选择这种语言的理由，必须在会议通知上注明会议所使用的语言。"

"To the extent possible, there should be an efficient, joint and coordinated translation of Danish administrative texts into English across the University. Translation must be carried out at the highest possible organizational level."

"应尽可能在全校范围内将丹麦语的行政文件翻译成英语。翻译工作必须在尽可能高的组织级别上进行，并注重效率及部门合作"。

"All major administrative IT systems with a broad internal target group must have Danish and English user interfaces just as internal auto or standard replies from shared mailboxes, etc. must be written in both Danish and English. All relevant information, such as diplomas, internal web portals, information screens and signage must always be in both Danish and English."

"所有主要面向学校内部成员的行政信息技术系统都必须有丹麦语和英语的用户界面，就像学校内部共享邮箱的自动或标准回复必须使用丹麦语和英语一样。所有与学校相关的信息，如学位证书、内部门户网站、信息屏幕和标牌，必须始终使用丹麦语和英语。"

(《哥本哈根大学语言政策》第 4 页)

从以上内容可以看出，哥本哈根大学的语言政策内容特别详细，充分考虑到员工在行政工作或日常工作中的语言使用，并对丹麦语和英语的使用做了具体说明。在学校的工作中，丹麦语和英语的地位基本相同，并行使用。也就是说，哥本哈根大学在校园工作中实行的是双语制。通过双语文件、双语网站及校园双语语言景观的建设等途径，使国际员工能更便利地参与学校的各项工作并及时获取相关信息。在语言实践中，以传播系为例，该系每月的例会使用的是英语，其余会议语言需要商定。如果会议语言是英语，就必须提供丹麦语版本的发言稿和会议材料，反之亦然①。总体来看，该校在学校的工作中重视英语和丹麦语的并行使用。

③学校教育中的语言使用

在学校教育中的语言使用方面，《哥本哈根大学语言政策》主要对以下内容进行了规定和说明：学生的英语能力、维护丹麦语的学术语言地位、英语授课课程及学位和学生的其他语言需求。

学校重视培养学生的英语学术能力并将语言技能培养融入课程大纲、课程、讲座及专业文献阅读和考试评估。在哥本哈根大学，英语语言技能不是通过独立的语言课程进行培养的，而是融入专业课程，成为课程的内容和课程要实现的语言目标。这些课程既包括英语授课课程，也包括那些在工作领域需要使用英语的丹麦语课程。具备一定的英语语言技能是学生未来工作的需要。学校充分认识到了这一点，重视对学生语言技能的培养，学校把英语技能看作是学生学科素养(disciplinary literacy)的一部分②。具体政策内容如下。

"The development of language skills must be supported on all programmes where students need to be able to read texts in English... learning goal in this area must be included in relevant curricula."

"所有要求学生具备英语文献阅读能力的课程都必须注重学生语言技能的发展……这方面的学习目标必须纳入相关的课程。"

"On programmes where English is often used as the working language on the job market, students must, as early as possible in the programme, be

① University of Copenhagen. Background for a language policy for the University of Copenhagen [EB/OL]. [2023-8-3]. https://cip.ku.dk/english/about_cip/about_parallel_language_use/UPCH_Background_and_action_plan_for_language_policy_2021.pdf.

② disciplinary literacy(学科素养)一般指某一学科的学生或学者在学科内所具备的基本专业素质，包括专业知识和技能等。Airey 认为学科素养指参与学科交际实践的能力。他提出了"学科素养三角"(disciplinary literacy triangle)，认为某一学科是处于学术(the academy)、社会(society)和工作场所(the workplace)这三个点构成的三角形内的某一点。学科素养的目标指向以上三个领域。在国际化的背景下，学科交际分为面向国际型和面向国内型。学科交际语言就应该既有母语还有国际通用语。那么，在学生学科素养的培养中，应该注重双语能力的培养。具体内容参见：Airey, J. The disciplinary literacy discussion matrix: a heuristic tool for initiating. collaboration in higher education[J]. Across the disciplines, 2011, 8(3): 3-4.

taught in English and actively participate in such teaching. Students' use of English terms or written/oral presentation must be included in the assessment of their exam performance in the same way as linguistic performance is included in Danish-language contexts and exams."

"对于那些在就业市场中经常使用英语作为工作语言的学位项目，学生必须尽早在课程中接受英语教学，并积极参与这种教学。学生对英语术语的使用或书面/口头表达必须纳入考试评估，与丹麦语在丹麦语语境和考试中的要求一样。"

"Supporting activities in academic English and subject-specific terminology must be integrated via the usual teaching activities on programmes where students are expected to speak in English and write papers in English. This may include language training and specification of terminology rather than actual English classes."

"在那些要求学生用英语交谈和撰写论文的课程中，学术英语和特定学科术语的相关辅助教学必须融入日常教学活动。这可能包括语言训练和术语说明，但不是真正的的英语语言课程。

(《哥本哈根大学语言政策》第 5 页)

在重视英语的同时，哥本哈根大学还努力维护丹麦语的学术地位。学校要求所有丹麦语授课的本科学位项目课程必须涉及学术丹麦语的训练。学校相关部门应告知攻读硕士学位的国际学生学校提供的丹麦语课程信息，这有助于他们毕业后留在丹麦。因此，学校主要通过加强丹麦学生的学术丹麦语能力和国际学生的丹麦语能力这两个途径来维护丹麦语的语言地位。学校对丹麦学生的学术丹麦语训练是强制实施的，而国际学生的丹麦语课程不是必修课。但是学校希望国际生学习丹麦语，并开设了学术丹麦语课程，这样他们毕业后就有可能留在丹麦工作和生活。也就是说，国际学生要留在丹麦，需要具备一定的丹麦语语言能力。如果这些学习了丹麦语的国际学生留在丹麦从事科研工作，那么时间长了，他们肯定可以熟练地使用丹麦语。在一定程度上，这就维护了丹麦语的学术地位。这样，学校既为丹麦培养了懂丹麦语的国际人才，又维护了丹麦语的学术地位。具体政策内容如下。

"Training in academic Danish must be integrated in courses on all BA programmes taught in Danish."

"在所有用丹麦语授课的学士学位课程中必修加入学术丹麦语训练。"

"The study and programme administration must ensure that all international full-degree master's students receive information about the offer of Danish classes with a view to retaining them in Denmark."

"课程学习管理部门必须确保所有攻读硕士学校的全日制国际学生收到有关丹麦语课程的信息，以便将他们留在丹麦。"

（《哥本哈根大学语言政策》第 6 页）

英语授课课程是高等教育课程国际化的重要内容。英语授课课程和学位可以吸引外国留学生和交换生。哥本哈根大学的授课语言既有英语，又有丹麦语。但是学校在丹麦语授课的课程中加入了英语授课的内容。总体来看，学校重视本国学生双语能力的培养。英语授课课程是为了培养国际化人才和吸引国际人才。具体政策如下。

"UCPH aims to offer BA programmes taught in English where relevant."

"在合适的情况下，哥本哈根大学将提供英语授课的学士学位课程。"

"The faculties should regularly consider choosing English, completely or partially, as the language of instruction on Danish-language programmes, both at bachelor and master's level. Focal points should be students' completion rate, global job market opportunities, using international academic staff and attracting international student talent."

"各学院应定期考虑将英语作为丹麦语授课课程的全部或部分教学语言，包括学士和硕士课程。重点应放在学生的毕业率、全球市场的就业机会、国际学术人员的雇佣和国际学生的招生上。"

（《哥本哈根大学语言政策》第 6 页）

高等教育国际化需要多种语言支持。首先，高校的国际化并不是英语化。目前，由于英语的国际语言地位，高等教育的国际化表现为英语化。但是，国际语言地位并不是固定不变的。以学术语言为例，法语、德语、俄语都曾经是重要的学术语言。其次，高校的国际合作是面向全球的，所以需要和不同国家的高校合作，进行师生交流。最后，不同学科对语言语种的需求是不一样的。修读西方哲学专业需要阅读德语文献，学生需要具有一定的德语语言能力。区域国别研究的研究对象是特定的区域和国家，那么研究对象不同，需要学习的语种就不同。

在哥本哈根大学的国际化中，学校充分考虑到学生在英语和丹麦语之外的其他语言需求，并做了如下规定。

“The faculties should identify the need for internationalisation through a diversity of relevant language skills other than English.”

“各院系应认识到学校的国际化需要英语之外的其他语言技能。”

“The study board should—to the extent relevant—strive to offer study-supporting and mobility-promoting language courses for students.”

“学习委员会应在合适范围内，努力为学生提供有助于学习和促进流动的语言课程。”

“The study boards should work to integrate relevant language skills in their programmes.”

“学习委员会应努力将相关语言技能纳入专业课程学习中。”

（《哥本哈根大学语言政策》第 6 页）

总体来看，《哥本哈根大学语言政策》内容丰富，充分考虑到工作和学习中的语言需求。根据以色列社会语言学家博纳德·斯波斯基（Bernard Spolsky）的语言政策理论①，从政策文本内容中可以看出，哥本哈根大学语言政策中的“语言意识”（language beliefs or ideology）主要是双语主义（bilingualism），也有多语主义（multilingualism）。在语言管理（language management）上，主要是对学校的英语和丹麦语的使用进行管理。在语言实践（language practice）上，实施的是并行语言使用原则，鼓励英语和丹麦语及其他语言的使用。但是如何并行使用这些语言，学校的语言政策只是给出了大概的说明，具体的语言实践由各院系及语言使用者决定。在语言地位上，英语和丹麦语同等重要。在语言生态上，哥本哈根大学是多语并存的语言生态。

3. 芬兰的赫尔辛基大学

芬兰是双语制国家，芬兰语和瑞典语都是芬兰的官方语言，因此，赫尔辛基大学的语言政策体现了多语制国家高校在国际化发展中对学校语言使用的规划，对类似国家高校的语言规划具有一定的参考价值。

---

① 斯波斯基的语言政策理论认为语言政策由三部分构成，即语言意识或语言信仰（language ideology or beliefs）、语言管理（language management）和语言实践（language practice）。语言意识指的是语言规划者对语言的期待。语言管理就是对语言进行的规划。语言实践就是语言的实际使用或者语言生态。

赫尔辛基大学于2014年9月开始实施现在的语言政策，即《赫尔辛基大学的语言政策——从指导方针到实践：走向使用多语制》(*Language Policy of the University of Helsinki, From Guidelines to Practice: Towards Functional Multilingualism*，以下简称为《赫尔辛基大学语言政策》)①。从名称可以看出，学校追求的是多语主义。该政策文本内容使用芬兰语、瑞典语和英语三种语言表达。政策文本的第一部分是语言政策，第二部分是语言政策的实施和监测。该校的语言政策内容主要包括语言政策制定的背景和目的、语言地位、教学语言、科研语言、语言与大学的社区关系及服务工作中的语言。语言政策实施和监测的内容包括学校教学、研究、日常管理和服务中的语言使用及员工的语言技能等。

① 语言政策制定的背景和目的

赫尔辛基大学认为语言是学校的资源。在语言政策的开头部分，学校就表达了这一观点，具体内容如下。

"Language are resources for the University community. At the University, bilingualism or multilingualism and internationalism are an asset for everyone."

"语言是大学社区的资源。在大学里，双语或多语及国际化是每个人的财富。"

(《赫尔辛基大学语言政策》，第47页)

可见，该校的语言规划观是语言资源观。在这种语言规划观下，学校的语言意识是多语主义。语言政策的内容就涉及多种语言的使用。作为国家高校，学校要保护本国语言的学术语言地位，但是作为国际化的高校，学校要鼓励使用英语。因此，在语言政策制定的过程中，学校强调保护本国语言的职责和使用英语作为学术中介语(academic lingua franca)的需要。具体内容如下。

"The university of Helsinki bears a particular responsibility for Finland's national culture as well as for the position of the national languages (Finnish and Swedish) as languages of science."

---

① University of Helsinki. Language policy of the University of Helsinki, from guidelines to practice: towards functional multilingualism[EB/OL]. [2023-8-3]. https://blogs.helsinki.fi/centrumcampus/files/2015/04/kieliperiaatteet.pdf.

“赫尔辛基大学对芬兰的民族文化及国家语言(芬兰语和瑞典语)作为科学语言的地位负有特别的责任。”

“As a research institution, the University bears responsibility for internationalisation ... the English language has become an academic lingua franca, and as an international institution, the University of Helsinki participates in this development. The University promotes fluent communication and interaction between people from different linguistic backgrounds who share English as a common language. In addition, the university believes that learning and using other languages is valuable.”

“作为一所研究机构，赫尔辛基大学承担着国际化的责任……英语已经成为一种学术通用语言，作为一所国际化高校，赫尔辛基大学参与了这一发展。赫尔辛基大学提倡来自不同语言背景的人将英语作为共同语言，进行流畅的交流和互动。此外，赫尔辛基大学认为学习和使用其他语言也很有价值。”

(《赫尔辛基大学语言政策》，第 47－48 页)

以上政策文本内容说明赫尔辛基大学重视保护本国语言的学术语言地位。这是由高校的社会服务和社会文化传承与创新的职能决定的，学校有义务向社会传播科学研究成果和保护本国语言文化。与此同时，学校重视英语及其他外语的使用，这是由高校的国际交流与合作职能决定的。为了处理好本国语言和英语等外语的使用问题，学校必须制定语言政策，保证教学、科研、管理及服务中使用的语言是合适的，能促进双语及多语的并行使用，最终提升学校的国际化水平。这也是赫尔辛基大学制定语言政策的目的。

②语言地位

语言地位规划(status planning)是语言规划的一种，指“语言本体之外主要反映社会问题与社会关切的语言规划”①。语言地位规划其实就是对不同语言的社会功能进行规划。语言选择和语言实施是语言地位规划的内容。语言选择指选择某种语言实施某种社会功能，如国家官方语言的选择。语言实施指对所选语言的采用及传播，即语言选择的具体落实。

赫尔辛基大学的语言政策对本国语言、英语及其他语言的地位进行了规划。芬兰实行的是双语制的国家语言政策，即芬兰语和瑞典语都是芬兰的官方语言。所以，赫尔辛基大学遵从国家的语言政策，实行双语制，并且注重

① (美国)罗伯特·卡普兰和理查德·巴尔道夫．语言规划：从实践到理论[M]．北京：商务印书馆，2019：32.

发展本国语言的科技术语。作为国际化的高校，学校也重视英语及其他语言的使用。具体政策文本如下。

“The University of Helsinki maintains and develops an active and functional bilingual policy... its Swedish-language education corresponds to the requirements set by the bilingual society, the labour market and legislation.”

“赫尔辛基大学坚持并发展积极有效的双语政策……其瑞典语教育符合芬兰双语社会、劳动力市场和立法的要求。”

“The constant development of scientific terminology in the national languages is important so that information on science can be accessed by all Finns. The University of Helsinki is aware of its special position, particularly in terms of the development of Finnish as an academic language.”

“不断发展本国语言的科学术语是非常重要的，这样所有芬兰人才能获取科学信息。赫尔辛基大学意识到自己所肩负的责任，尤其是在发展芬兰语作为学术语言方面。”

（《赫尔辛基大学语言政策》，第49页）

我们可以看出，赫尔辛基大学实行的是双语制语言政策，强调瑞典语在学校教育中的使用。虽然芬兰社会是双语制，但是并不是所有的高校都是双语制。除了赫尔辛基大学，实行双语制的高校还有赫尔辛基艺术大学。使用瑞典语作为授课语言的高校或院系有奥博学术大学、汉肯经济学院和赫尔辛基大学瑞典社会科学学院。其余高校基本只使用芬兰语这一种国家官方语言①。因此，赫尔辛基大学严格遵守国家的语言政策，芬兰语和瑞典语在学校的地位相同。学校意识到自身向芬兰民众传播科学知识的社会责任，鼓励发展本国语言的科学术语，尤其是芬兰语科学术语。

在重视本国语言的同时，赫尔辛基大学也重视英语和其他外语的使用，因为高校的国际化发展需要不同的国际化语言。

“The provision of education in English supports the University's

① University of Helsinki. Language policy of the University of Helsinki, from guidelines to practice: towards functional multilingualism [EB/OL]. [2023-8-3]. https://blogs.helsinki.fi/centrumcampus/files/2015/04/kieliperiaatteet.pdf.

educational objectives and is not in conflict with the development of the status of the national languages. Increasing and developing teaching in English are part of the effort to create an international learning environment. This supports the presence of different values, worldviews and argumentation traditions in teaching. The cultural dimension and intercultural interaction will be integrated into teaching, supervision and guidance and services..."

"英语教学有利于学校教育目标的实现，并且与提升芬兰国家语言的地位之间并不冲突。增加和发展英语教学是努力创造国际化学习环境的一部分，有利于教学中存在不同的价值观、世界观和论证传统。文化及跨文化交际将被纳入教学、监督、指导和服务。"

（《赫尔辛基大学语言政策》，第 49 页）

"Global developments and European integration have generated a need for skills in other foreign languages in both the academic community and Finnish society at large. The status of the Nordic languages is important particularly in terms of Nordic mobility and cooperation. The multilingual skills of students, researchers and staff are exploited in the development of the University's international efforts."

"全球化发展和欧洲的一体化促使学术界以及整个芬兰社会产生对其他外语语言技能的需求。北欧语言的地位非常重要，尤其是在北欧高校之间的师生流动和合作方面。大学的国际化发展需要学生、研究人员和教职员工具有多语能力。"

（《赫尔辛基大学语言政策》，第 50 页）

英语有助于国际化校园的创建和不同语言背景的人们进行交流。但是在北欧区域合作中，芬兰高校需要具备其他北欧语言能力。虽然北欧国家同属于北欧，但是在语言上是不同的。芬兰语属于乌拉尔语系，而其余北欧语言属于日耳曼语系。因此，芬兰语和其他北欧语言没有相似性，无法相通。所以，赫尔辛基大学在语言政策中强调了其他北欧语言的重要性。除了北欧语言，其他语言对赫尔辛基大学的国际化发展也至关重要。因此，赫尔辛基大学在语言政策中强调了多语能力的重要性。

③教学中使用的语言

教学中使用的语言主要指授课语言、师生交际语言和语言课程教授的语言。在授课语言和交际语言方面，赫尔辛基大学鼓励使用多种语言，主要是芬兰语、瑞典语和英语。学校提供以这三种语言为授课语言的课程。除了作为授课语言，这三种语言还可以用于研究和书写论文。除了鼓励使用这些语言，学校还特别重视语言的质量。具体的政策文本如下。

"The University provides multilingual teaching by offering teaching in Finnish, Swedish and English."

"学校提供多语种教学，使用芬兰语、瑞典语和英语授课。"

"The University focuses particular attention on the quality of the Finnish, Swedish and English used in studies, teaching, and theses and dissertations."

"学校特别注重研究、教学和论文中使用的芬兰语、瑞典语和英语的质量。"

(《赫尔辛基大学语言政策》，第 50 页)

在实际的语言使用中，这三种语言可以并行使用。比如，在英语授课的课程中，也可以使用芬兰语完成作业。学校重视参加英语授课的芬兰学生对芬兰语科技术语的掌握。此外，学校还有双语学位。具体政策文本如下。

"In many situations, these languages may be used in parallel. Bilingualism can also entail using a teaching language that is different from the language of study. For example, students may attend teaching in Swedish or English, but complete the associated assignments and examinations in Finnish."

"在许多情况下，这些语言可以并行使用。在双语教学中也可以存在使用不同于教学语言的语言的情况。例如，学生可以上使用瑞典语或英语授课的课程，但用芬兰语完成相关作业和考试。"

"When determing the learning outcomes for English-language instruction and the Finnish students participating in it, the University will ensure that students also become familiar with the basic terminology of the field in one of the national languages."

"在确定英语授课效果及参加英语授课的芬兰学生的学习成果时，学校确保学生熟悉芬兰两种国家官方语言中任意一种语言在该领域的基本术语。"

"The University has adopted the concept of the bilingual degree, in which at least one third the content of the degree is completed in each of the national languages and a specific competence level for the second language of the student is included in the degree's learning outcomes."

"学校采用了双语学位的概念，即至少有三分之一的学位项目是使用芬兰两种官方语言中任意一种语言完成的，并且在学位成果中呈现学生第二语言的具体能力水平。"

（《赫尔辛基大学语言政策》，第 50 页）

在语言课程方面，学校在本科阶段开设了语言课程。此外，学校还开设了大量的语言课程满足不同群体的不同需要。具体如下。

"All first-cycle degrees completed at the University include a set amount of communication and language studies（minimus 10cr），which comprise spoken and written communication in the native language，the second national language as well as studies in one or more foreign languages."

"本科阶段的学习包含了一定的语言交际和学习(至少 10 个学分)，其中包括母语、另一种芬兰国家官方语言的口语和书面交际，以及一种或多种外语的学习。"

"The University offers a wide range of teaching in different languages to meet the requirements of both the academic world and the employment market，with consideration for the special needs of students who do not speak either of the national languages."

"大学提供多种语言教学，以满足学术界和就业市场的要求，并考虑到不懂芬兰国家官方语言的学生的特殊需求。"

（《赫尔辛基大学语言政策》，第 51 页）

从以上内容可以看出，赫尔辛基大学采用灵活的多语主义教学语言政策。学校鼓励芬兰语和瑞典语的并行使用，希望学生能掌握芬兰的这两种国家官方语言。考虑到学校中国际师生的语言需求以及学术界和职场的语言需求，学校鼓励使用英语。但是，学校希望芬兰本地学生依然能掌握本国语言中的科技术语。

④科研及科研成果传播中的语言使用

赫尔辛基大学认为语言技能是研究者职业能力的一部分，也认识到英语的重要性。但是，学校强调要维护本国语言的学术语言地位并创造本国语言的学科术语。在科研成果的传播方面，学校鼓励研究人员使用本国语言。因此，学校很重视本国语言的学术语言地位及大学对芬兰社会发展的作用。这方面的语言政策文本如下。

"Language is a key tool in the academic community. Extensive language and communication skills are part of a researcher's professional competence. Even though the University recognizes the position of the English language as dominant in many disciplines, it also promotes the preservation and future of the national languages as active, full-fledged academic languages."

"语言是学术界的重要工具。研究人员应具备广泛的语言和交流技能。虽然学校承认英语在许多学科中的主导地位，但也提倡保护民族语言，并将其作为具有语言活力且比较成熟的学术语言。"

（《赫尔辛基大学语言政策》，第 51 页）

"The University ensures that its research serves society and that new information is available to all through a variety of channels. For this reason, the University encourages researchers to also publish and disseminate expert information in the national languages beyond traditional research publication channels, e. g. , through audiovisual and social media."

"学校确保其研究服务于社会，并通过各种渠道向所有人提供新信息。为此，学校鼓励研究人员在传统的研究成果发表渠道之外，使用本国语言出版和传播专业信息，例如，通过视听和社交媒体。"

"A core component of the University's community relations mission is the creation and maintenance of a domestic terminology for different disciplines."

"学校服务社会的一个关键任务就是使用本国语言创建不同学科的术语，并维护本国语言在该学科的语言地位。"

（《赫尔辛基大学语言政策》，第 51 页）

⑤学校服务中的语言使用

赫尔辛基大学的语言生态是多样性的，因此，面对不同群体，学校在服务工作中也需要使用不同的语言。学校的语言政策规定了师生使用瑞典语及英语的权利。此外，学校也要求相关部门提供相应的语言服务。在瑞典语和芬兰语的使用上，学生有权使用其中任何一种语言处理个人、文件及考试等方面的事务。这部分政策文本内容如下。

"Service providers develop the Swedish-language and English-language services that are needed by clients and staff. Support services for Swedish-speaking students are to be ensured."

"学校语言服务机构应为学校职工提供瑞典语和英语服务并为讲瑞典语的学生提供语言服务。"

"Students have the right to use Finnish or Swedish in handling their own affairs and to receive written documents, decisions and responses, forms examination questions and entrance examinations as well as admissions and academic guidance in Finnish or Swedish."

"学生有权使用芬兰语或瑞典语处理与自己有关的学校事务,有权获得使用芬兰语或瑞典语书写的书面文件、决定和答复、考试试题和入学考试表格以及使用这些语言进行的入学和学术指导。"

(《赫尔辛基大学语言政策》,第 52 页)

这部分政策内容说明赫尔辛基大学执行芬兰的双语政策,维护瑞典语的地位。芬兰语和瑞典语在赫尔辛基大学具有同等的语言地位。为了确保瑞典语和英语的使用,学校提供了相应的语言服务。可以看出,该校鼓励多语的使用。但与此同时,学校也注重维护本国语言的学术语言地位。

《赫尔辛基大学语言政策》的第二部分是语言政策的实施及其监测。负责监测语言政策实施情况的机构有学术事务委员会(The Academic Affairs Council)、研究委员会(The Research Council)和瑞典语事务委员会(The Committee for Swedish-language Affairs)。在语言政策的实施方面,学校采取了多种措施促进语言政策的实施。首先,学校提供语言支持。语言支持采取多部门或者多单位合作的模式进行。学校开设芬兰语或瑞典语课程,加强本地学生的语言交际能力。在英语授课方面,学校对师生提供支持服务。学校的语言中心和高等教育研究和发展中心(The Centre for Research and Development of Higher Education)合作,在教师培训中融入语言授课的内容。学校重视国际师生对芬兰语和瑞典语的学习。学校语言中心提供相应的语言学习课程。为了鼓励外籍教师学习当地语言,学校将语言学习时间计入教师工作量,这样他们在完成工作任务的同时还可以学习语言。在校园语言景观方面,学校要求所有院系的名称、标志及网站语言都使用芬兰语、瑞典语和英语这三种语言。

总体来看，《赫尔辛基大学语言政策》中的语言意识是多语主义。在语言管理上，学校实行双语制，平等对待芬兰的两种国家官方语言，通过瑞典语课程及服务，促进瑞典语的使用。在国际化方面，学校提供英语授课的课程，并给参与这些课程的师生提供语言服务，保证课程的质量。在维护本国语言的学术语言地位方面，学校注重创造本国语言的科技术语并要求学生了解相关专业术语。在语言实践上，学校是多语并存的语言生态。

4. 三所高校语言政策的特点

本书详细分析了三所高校语言政策的具体内容。通过文本内容梳理，笔者发现这三所高校的政策文本都涉及教学、科研、管理及服务等，这说明这三所高校的语言政策比较成熟，考虑到了高校语言使用的不同场域(domain)①。在语言意识上，三所高校的语言政策都反映了多语主义的语言意识。在语言管理上，三所高校对不同场域的语言使用进行了管理。从管理的语种来说，主要是本国语言和英语。从管理的内容来看，主要是教学、科研、学校管理及服务中的语言使用。在语言实践上，三所高校都是多语并存的语言生态，但是在语言的实际使用中，主要还是本国语言和英语。为了吸引国际师生并提升本国学生的国际竞争力，学校开设了英语授课课程和学位项目。为了留住国际人才和科技成果的社会传播，三所高校都为国际师生开设了当地语言课程，鼓励他们学习当地语言。三所高校都重视维护本国语言的学术语言地位，积极创造本国语言的科技术语，并鼓励使用本国语言发表学术成果。这些都是三所高校语言政策的相同之处。此外，三所高校都有语言中心，语言中心提供本国语言、英语及其他外语课程，为学校的国际化发展提供语言服务。

这三所高校的语言政策也有很多不同之处。首先，语言政策文本的内容长度不同。在这三所高校的语言政策中，《冰岛大学语言政策》的文本内容比较少，只有简短的18条政策实施要求，也没有对这些内容进行分类。《哥本哈根大学语言政策》从语言与员工和语言与教育两个方面对学校的语言使用进行管理，内容总共有10条，每一条标题下还有若干具体实施要求。虽然政策文本(英语)只有6页，但是学校还发布了长达39页的《哥本哈根大学语言政策背景》，对语言政策制定的背景、动机及语言政策的原则进行了详细说明。在陈述每一条语言政策之后，都有具体的例子进行说明。《赫尔辛基大学语言政策》的内容十分丰富，涉及语言地位和不同场域的语言使用管理，以及语言

① 场域(domain)是语言学专业术语，一般指的是语言使用的领域。

政策的实施和监测。在附录部分，还有语言相关的立法和术语解释。该语言政策文本由芬兰语、瑞典语和英语三种语言政策文本构成，总长度为 64 页。学校把三种语言政策文本放在一起，方便相关人员查阅和比较。

其次，在语言政策的内容上，《冰岛大学语言政策》强调冰岛语的语言地位和使用的篇幅较长，冰岛大学特别强调冰岛语的语言地位，这主要是因为冰岛本身就有语言保护的传统和纯净化的语言意识，在冰岛大学的管理、教学和研究中，学校主要使用的语言也是冰岛语。冰岛大学在语言政策中，提到了冰岛手语的使用，而其余两所高校的语言政策都没有提到这一点。冰岛大学重视冰岛手语，主要是因为冰岛手语与冰岛语的语言地位是一样的。2011 年，冰岛政府把冰岛语确立为官方语言，并赋予冰岛手语和冰岛语同样的语言地位①。因此，冰岛大学的语言政策提到了冰岛手语的使用。《哥本哈根大学语言政策》和《赫尔辛基大学语言政策》也提到了保护本国语言的地位和使用，但是在教学、科研、行政管理等方面实施的是本国语言和英语并行使用的策略。因此，这两所高校的语言政策反映了高校在本土化与国际化双重角色中的语言选择。这两所高校重视英语的使用，一部分原因是因为国际化发展本身就是国家的发展战略，高校的国际化发展是国家发展的一部分。虽然北欧国家都重视国际化发展，但是各国国情不一样，因此国际化的程度不一样。比起冰岛，芬兰和丹麦的高等教育国际化程度更高。因此，在哥本哈根大学和赫尔辛基大学的语言政策中，就出现了很多关于英语教学和语言服务的内容。

最后，只有《赫尔辛基大学语言政策》是关于三种语言的规划，这是由芬兰的双语制国情决定的。赫尔辛基大学严格遵守国家的语言政策，推行双语制。从语言政策文本中可以看到，学校力图维护瑞典语的地位并提供相应的语言服务。在授课语言方面，芬兰语、瑞典语和英语都是授课语言，但是在课程实施中，学校采用灵活的语言政策。即使是芬兰语授课的课程，也可以出现瑞典语或英语的内容。在英语授课的课程中，学校强调学生应懂得与课程相关的芬兰语或瑞典语术语。所以，总体来看，赫尔辛基大学重视多语使用及多语能力的培养，就像学校在语言政策中开头说的，语言是学校的资源。《赫尔辛基大学语言政策》为多语制国家高校语言政策的制定提供了一定的参考价值。

---

① Albury N J. National language policy theory: exploring Spolsky's model in the case of Iceland[J]. Language policy, 2016(15): 355 - 372.

参考文献

中文文献：

专著类：

王绽蕊，泰希勒，张优良. 高等教育国际化全球视野与中国选择[M]. 北京：科学出版社，2021.

特弗拉，奈特. 非洲高等教育国际化[M]. 万秀兰，孙志远，等译. 杭州：浙江大学出版社，2013.

杨启光. 教育国际化：进程与发展模式[M]. 北京：社会科学文献出版社，2011.

李盛兵. 高等教育国际化研究[M]. 北京：科学出版社，2019.

刘岩. 高等教育国际化能力综合评价[M]. 北京：科学出版社，2020.

韩扬溪. 高等教育国际化研究[M]. 北京：北京工业大学出版社，2021.

马早明. "冰上丝绸之路"视域下中国与北欧五国教育合作政策研究[M]. 武汉：武汉大学出版社，2020.

孟毓焕. 博洛尼亚进程下的瑞典高等教育[M]. 北京：北京理工大学出版社，2017.

巴尔道夫. 语言规划：从实践到理论[M]. 北京：商务印书馆，2019.

期刊类：

陈学飞. 高等教育国际化：从历史到理论到策略[J]. 上海高教研究，1997(11)：58－63.

顾明远. 教育的国际化与本土化[J]. 华中师范大学学报(人文社会科学版)，2011，50(06)：123－127.

张应强. 全球化背景下高等教育国际化理念的重新审视[J]. 教育发展研究，2021，41(23)：1－11.

兰思亮，马佳妮. 在地国际化：嬗变、实践与反思[J]. 比较教育研究，2021，43(12)：98－107.

张伟，刘宝存. 在地国际化：中国高等教育发展的新走向[J]. 大学教育科学，2017(03)：10－17＋120.

杨启光，马文洋. 远距离国际化：高等教育国际化第三种类型的考察[J]. 高教探索，2021(11)：5－12.

孟照海. 高等教育国际化的动因及其反思[J]. 现代教育管理，2009(7)：16－19.

李盛兵，刘冬莲. 高等教育国际化动因理论的演变与新构想[J]. 高等教育研究，2013，34(12)：29－34.

李素琴，胡丽娜. 从"伊拉斯谟项目"到"伊拉斯谟世界项目"：欧盟高等教育的国际化发展[J]. 比较教育研究，2010，32(04)：36－40.

王位. 全球六种大学国际化评价指标体系的比较及启示[J]. 上海教育评估研究，2012，1(04)：25－32＋62.

崔淑卿，钱小龙. 美国高等教育国际化的兴起、发展及演进[J]. 现代大学教育，2012(06)：37－42＋70.

陈越，王余生. 美国高等教育国际化政策：历程、动因和走向[J]. 现代教育管理，2016(08)：68－73.

李文山. 高等教育国际化发展历程、动因及趋势析[J]. 首都师范大学学报(社会科学版)，2006(01)：61－64.

王璞. 美国大学海外分校全球扩张历史和战略研究[J]. 比较教育研究，2017，39(01)：17－23.

王俊. 芬兰高等教育国际化新战略探析[J]. 河南师范大学学报(哲学社会科学版)，2010，37(06)：256－259.

赵守辉. 主持人语：高校语言政策与实践：语言规划的前沿课题[J]. 语言战略研究，2021，6(02)：12－13.

文秋芳，陈坚林，柯安竹等. "高校语言政策"多人谈[J]. 语言战略研究，2021，6(02)：71－72.

王辉. 西方语言规划观的演变及启示[J]. 宁夏大学学报(人文社会科学版)2009，31(06)：204－208.

网络文献：

西南交通大学. 大学国际化水平排名(2018)[EB/OL]. [2023－12－1] https：//heri. swjtu. edu. cn/info/1075/5982. htm

中国教育新闻网. 出国留学培养有家国情怀国际视野的建设人才[EB/OL]. [2019－09－27]. http：//www. jyb. cn/rmtzgjyb/201909/t20190927_264094. html

教育部. 2018 年来华留学统计[EB/OL]. [2019－04－12]. http：//

www. moe. gov. cn/Jyb _ xwfb/gzdt _ gzdt/s5987/201904/t20190412 _ 377692. html
商务部．对外投资合作国别(地区指南)：挪威(2022 年版)[EB/OL][2023 - 12 - 1]. http：//www. mofcom. gov. cn/dl/gbdqzn/upload/nuowei. pdf
国家留学网．2018 年优秀本科生国际交流项目资助项目一览表[EB/OL]. [2018 - 01 - 05]. https：//www. csc. edu. cn/article/1057.
清华大学．袁驷会见瑞典皇家工学院副校长雷蒙·维斯，共同签署核学科双硕士项目合作协议[EB/OL]. [2014 - 08 - 15]. https：//www. tsinghua. edu. cn/info/1178/30356. htm.
清华大学．清华大学-瑞典皇家工学院双硕士学位项目：拥抱更多可能[EB/OL]. [2022 - 09 - 14]. https://mp. weixin. qq. com/s? _ biz=MzA5O DcwNTQxMA== &mid=2650889825&idx=2&sn=bbf434113e3315fa74f0140f4dd82ebb & chksm = 8b78770 cbc0ffe1a8e0e96519db035f325b8dcc1789c886fb4558 b1f9cf02a0bc68467fa958e & scene=27.
清华大学．清华大学-瑞典皇家理工学院核学科双硕士学位项目研讨会召开[EB/OL]. [2021 - 11 - 23]. https：//www. inet. tsinghua. edu. cn/info/1287/2498. htm.
复旦大学．复旦大学北欧中心庆祝成立 25 周年 [EB/OL]. [2021 - 10 - 21]. https：//ogp. fudan. edu. cn/54/7e/c15883a414846/page. htm.
浙江大学．项目一览[EB/OL]. [2023 - 10 - 2]. https：//ugrs. zju. edu. cn/dwjlfwpt/42971/list. htm
浙江大学．浙江大学与挪威奥斯陆大学合作开展 Environmental humanities project 2022 年秋季研究生交换申请通知[EB/OL]. [2021 - 11 - 05]. http：//sociology. zju. edu. cn/ index. php/News/details. html? id=379.

英语文献：

专著类：

KNIGHT，J. Internationalization：elements and checkpoints (research monograph，No. 7) [M]. Ottawa：Canadian bureau for international education，1994.
DEARDORFF，D K，DE WIT，H，LEASK B，et al. The stylus handbook of international higher education (second edition)[M]. Stylus publishing，2022.
TEIXEIRA，P N，SHIN，J C. The international encyclopedia of higher education systems and institutions [M]. Dordrecht：Springer Netherlands，2020.

CURAJ A, MATEI L, PRICOPIE R, et al. The European higher education area: between critical reflections and future policies [M]. Dordrecht: Springer, 2015.

WÄCHTER B, MAIWORM F. English-taught programmes in European higher education: the state of play in 2014 [M]. Bonn: Lemmens Medien GmbH, 2014.

LEASK B. Internationalizing the curriculum[M]. New York: Routledge, 2015.

ARNBJÖRNSDÓTTIR B, INGVARSDÓTTIR H. Language development across the life span: the impact of English on education and work in Iceland [M]. Springer International Publishing AG, 2018.

GREGERSEN F, HULTGREN A K, THØGERSEN J. English in Nordic universities: ideologies and practices[M]. Amsterdam: John. Benjamins, 2014.

HENRIKESEN B, HOLMEN A, KLING J. English medium instruction in multilingual and multicultural universities: academics' voices from the northern European context[M]. New York: Routledge, 2019.

MAIWORN F, WÄCHTER B. English-language-taught degree programmes in European higher education-trends and success factors (ACA papers on international cooperation in education) [M]. Bonn: Lemmens Verlags-Mediengesellschaft, 2002.

WÄCHTER B, MAIWORM F. English-taught programmes in European higher education-the picture in 2007 (ACA papers on international cooperation in education) [M]. Bonn: Lemmens Medien GmbH, 2008.

HOLMEN A. Shaping a Danish multilingual university's language policy: gatekeepers and drivers of change [M]// Siiner M, Hult F M, Kupisch T. Language policy and language acquisition planning, language policy (15). Berlin: Springer, 2017.

Nordic Council of Ministers. Declaration of Nordic language policy [M]. Copenhagen: 2007.

期刊类:

KNIGHT, J. Updating the definition of internationalization[J]. International higher education, 2003(33): 2 - 3.

DE WIT H. Education and globalization in Europe: current trends and future developments [J]. Frontiers: the interdisciplinary journal of study abroad,

1995(1), 28 – 53.

KNIGHT, J. Internationalization remodeled: definition, approaches and rationales[J]. Journal of studies in international education, 2004, 8(1): 5 – 31.

DANG Q A. 'Nordic added value': a floating signifier and a mechanism for Nordic higher education regionalism [J]. European journal of higher education, 2022, 13(2): 142 – 160.

ÅKERLUND. A. A competition state perspective on the development of Swedish policies for internationalisation of higher education and research 1960s – 2010s[J]. Nordic journal of educational history, 2020(2): 99 – 123.

AIREY J, LAURIDSEN K M, RÄSÄNEN A, et al. The expansion of English-medium instruction in the Nordic countries: can top-down university language policies encourage bottom-up disciplinary literacy goals? [J]. Higher education 2017, 73(4): 561 – 576.

MACARO E, CURLE S, PUN J, et al. A systemic review of English medium instruction in higher education[J]. Language teaching, 2018, 51(1): 36 – 76.

LUOMA M, RISIKKO T, ERKKILÄ P. Strategic choices of Finnish universities in the light of general strategy. frameworks [J], European journal of higher education, 2016(4): 343 – 355.

MORTENSEN, J, HABERLAND, H. English: the new Latin of academia? Danish universities as a case [J]. International journal of sociology of language, 2012, (216): 175 – 197.

KUTEEVA M, AIREY J. Disciplinary differences in the use of English in higher education: reflections on recent language policy developments[J]. Higher education, 2014 (67): 533 – 549.

DARYAI-HANSEN P, KIRILOVA M. Signs of plurilingualism: current plurilingual countermoves in Danish higher education [J]. International journal of bias, identity and diversities in education. 2019, 4(2), 43 – 58.

ALBURY N J. National language policy theory: exploring Spolsky's model in the case of Iceland[J]. Language Policy, 2016(15): 355 – 372.

网络文献:

ACE. CIGE model for comprehensive internationalization [EB/OL] [2023 – 9 – 1] https: //www. acenet. edu/Research-Insights/Pages/Internationalization/Comprehensive Internationalization. aspx.

University of Copenhagen. Test of oral english proficiency for academic staff (TOEPAS2. 0) [EB/OL]. [2023 - 9 - 21]. https: //cip. ku. dk/english/documents/Test _ of _ Oral _ English _ Proficiency. pdf

University of Copenhagen. Alignment of the TOEPAS scale with the common European framework of reference[EB/OL]. [2023 - 9 - 21]. https: //cip. ku. dk/english/certification/bokse/

Alignment _ of _ the _ TOEPAS _ scale _ with _ the _ CEFR _ final. pdf

Asia Society, OECD. Teaching for global competence in a rapidly changing world [EB/OL]. [2023 - 9 - 3]. https://www. oecd-ilibrary. org/docserver/9789264289024en. pdf? expires=1708180081&id=id&accname=guest&checksum=FDE4D7C9D8CD41EBB537168 EB110EC9F

OECD. PISA 2018 Assessment and analytical framework. [EB/OL]. [2023 - 9 - 3]. https://www. oecd-ilibrary. org/docserver/b25efab8 - en. pdf? expires=1708180821&id=id&accname=guest&checksum=C1737EE4B97E16A8A8D16ECE4B18D33D

Swedish Higher Education Authority. An overview of Swedish higher education and research. 2022 [EB/OL]. [2023 - 8 - 3]. https: //publikationer. uka. se/site/books/e/10. 53340/UKAP - 6/

Finnish National Agency for Education. International full degree students in Finnish higher. education institutions (universities and universities of applied sciences UAS) by continent of nationality 2020[EB/OL]. [2023 - 10 - 3] https: //www. oph. fi/sites/default/files/documents/International% 20full% 20degree% 20students%20by%20continent%202020. pdf.

Finnish National Agency for Education. Most common nationalities of international full degree students in Finnish higher education institutions (universities and universities of applied sciences UAS)2016 and 2020 [EB/OL]. [2023 - 10 - 23] https: //www. oph. fi/sites/default/files/documents/Most% 20common% 20nationalities% 20in% 202016% 20and%202020. pdf

University of Copenhagen. Global partners. [EB/OL]. [2023 - 10 - 21]. https: //international. ku. dk/exchange-partners/global-partners/.

Nordplus. Nordplus handbook 2023 [EB/OL]. [2023 - 12 - 2] https: //www. nordplusonline. org/wp-content/uploads/2022/12/nordplus-handbook-en - 2023 - nyjast. pdf.

Nordic council of Ministers. More parallel, please! best practice of parallel language use at Nordic universities：11 recommendations [EB/OL]. [2023 - 10 - 2]. http：//norden. diva-portal. org/smash/get/diva2：1203291/FULLTEXT01. pdf.

University of Iceland. University of Iceland language policy [EB/OL]. [2023 - 10 - 3]. https：//english. hi. is/university/university _ of _ iceland _ language _ policy.

University of Copenhagen. Language policy for the University of Copenhagen. [EB/OL]. [2023 - 9 - 3]. https：//cip. ku. dk/english/about _ cip/about _ parallel _ language _ use/UPCH _ Language _ policy _ 2021 _ web. pdf.

University of Copenhagen. Background for a language policy for the University of Copenhagen [EB/OL]. [2023 - 8 - 3] https：//cip. ku. dk/english/about _ cip/about _ parallel _ language _ use/UPCH _ Background _ and _ action _ plan _ for _ language _ policy _ 2021. pdf.

University of Helsinki. Language policy of the University of Helsinki，from guidelines to practice：towards functional multilingualism [EB/OL]. [2023 - 8 - 3]. https：//blogs. helsinki. fi/centrumcampus/files/2015/04/kieliperiaatteet. pdf.